快乐读书吧
系列丛书

和大人一起读 1

肖维玲 主编

山东大学出版社
SHANDONG UNIVERSITY PRESS
·济南·

图书在版编目（CIP）数据

和大人一起读．1 / 肖维玲主编．-- 济南 ：山东大学出版社，2025. 6. --（快乐读书吧系列丛书 / 肖维玲主编）. -- ISBN 978-7-5607-8856-2

Ⅰ．G624.233

中国国家版本馆 CIP 数据核字第 2025KA3766 号

责任编辑 孙艳凤

文案编辑 孙婷婷

封面设计 李文静

和大人一起读 1

HE DAREN YIQI DU 1

出版发行	山东大学出版社
社　　址	山东省济南市山大南路 20 号
邮政编码	250100
发行热线	(0531)88363008
经　　销	新华书店
印　　刷	天津联城印刷有限公司
规　　格	710 毫米 ×1000 毫米 1/16
	16.5 印张 317 千字
版　　次	2025 年 6 月第 1 版
印　　次	2025 年 6 月第 1 次印刷
定　　价	78.00 元（全四册）

目录

我问大自然

可爱的动物们

处处留心皆风景

我问大自然

风娃娃悄悄翻动书页，
吹来了蒲公英的降落伞；
风娃娃欢快地跑进森林里，
推着小纸船划过溪流。
嘘——仔细听！
他正用树叶沙沙地讲故事呢。
快跟着风儿的脚步，
开启一场神奇的探索之旅吧！

xiǎo hóng huā
小红花

jīn bō
金 波

huā yuán lǐ lí ba xià
花园里，篱笆下，

wǒ zhòng xià yì duǒ xiǎo hóng huā
我种下一朵小红花，

chūn tiān de tài yáng dāng tóu zhào
春天的太阳当头照，

chūn tiān de xiǎo yǔ shā shā xià
春天的小雨沙沙下，

lā lā lā lā lā lā lā lā lā lā
啦啦啦啦啦，啦啦啦啦啦，

xiǎo hóng huā zhāng zuǐ xiào hā hā
小红花张嘴笑哈哈。

wǒ wèn dà zì rán

我问大自然

bān mǎ

班马

qǐng nǐ gào su wǒ　dà zì rán　wǒ zěn yàng

请你告诉我，大自然，我怎样

cái néng tóng nǐ jiāo tán　nǐ méi yǒu dì zhǐ　yòu méi yǒu

才能同你交谈？你没有地址，又没有

xìng míng　wǒ xiǎng xiě yì fēng xìn jì gěi nǐ　kě shì

姓名，我想写一封信寄给你，可是，

wǒ bù zhī dào zěn yàng cái néng jì dào nǐ de shǒu lǐ

我不知道怎样才能寄到你的手里。

wǒ wèn guo xiǎo hé

我问过小河，

kě shì　pài chū qù de zhǐ chuán dōu yǐ chén mò

可是，派出去的纸船都已沉没。

wǒ wèn guo dà shān

我问过大山，

kě shì　dà shān yòu sòng huí wǒ de hū hǎn

可是，大山又送回我的呼喊。

wǒ wèn guo yīng wǔ

我问过鹦鹉，

kě shì　zhè wèi fān yì jiā yě zhī zhī wú wú

可是，这位翻译家也支支吾吾。

hòu lái shì lǎo shī gào su le wǒ tā shuō nǐ wèi
后来是老师告诉了我，她说：你为

shén me bú qù wènwen tā men ne dà zì rán tóng tā men
什么不去问问他们呢，大自然同他们

zuì qīn rè
最亲热——

wèn wen bèi tài yáng shài hóng le liǎn táng de
问问被太阳晒红了脸膛的

chuán zhǎng
船长，

wèn wen jiè zhe gōu huǒ jiāo tán de kān tàn duì yuán
问问借着篝火交谈的勘探队员，

wèn wen bèi shān yě de fēng chuī bái le tóu fa de
问问被山野的风吹白了头发的

nóng xué jiā
农学家……

lǎo shī shuō
老师说——

tā men tóng hǎi yáng tài yáng hé xīng chén tán guo huà
他们同海洋、太阳和星辰谈过话，

tā men tóng yuè liang hé yè wù tán guo huà
他们同月亮和夜雾谈过话，

tā men tóng suǒ yǒu de xiǎo chóng tán guo huà ne
他们同所有的小虫谈过话呢……

fēng shì yí wèi huà jiā
风是一位画家

wú yǔ
吴 雨

fēng zuì ài huà huà yì nián sì jì huà gè bù tíng
风，最爱画画，一年四季画个不停。

chūn tiān dōng fēng bǎ dà shān rǎn qīng bǎ dà dì mǒ lǜ wèi huā ér tú chū wǔ yán liù sè de liǎn jiá
春天，东风把大山染青，把大地抹绿，为花儿涂出五颜六色的脸颊。

xià tiān nán fēng huà chū mǎn dì gǔn yuán gǔn yuán
夏天，南风画出满地滚圆滚圆

de xī guā huà chū mǎn tiān jīng liàng jīng liàng de xīng
的西瓜，画出满天晶亮晶亮的星

xing hái huà chū mǎn chí táng guā guā jiào de qīng wā hé fěn
星，还画出满池塘呱呱叫的青蛙和粉

hóng de hé huā
红的荷花。

qiū tiān xī fēng huà chū de shì yì fú fēng shōu
秋天，西风画出的是一幅丰收

jǐng xiàng píng guǒ hóng le pú tao zǐ le shì zi
景象：苹果红了，葡萄紫了，柿子

huáng le biàn dì de dào suì dōu shì jīn càn càn de
黄了，遍地的稻穗都是金灿灿的。

qiū fēng hái huà chū rén men xìng fú de liǎn páng nà
秋风还画出人们幸福的脸庞，那

shàng miàn zhàn fàng zhe zuì měi de xiào róng
上面绽放着最美的笑容。

dōng tiān běi fēng ài yòng bái yán liào huà huà
冬天，北风爱用白颜料画画。

shān a shù a dì miàn a wū dǐng a quán
山啊，树啊，地面啊，屋顶啊，全

dōu shì bái sè de zhǐ yǒu xuě rén de cháng bí zi shì
都是白色的，只有雪人的长鼻子是

hóng hóng de
红红的。

fēng shì yí wèi huà jiā huà chū le sì jì měi lì
风是一位画家，画出了四季美丽

de jǐng xiàng
的景象。

阅读指导

这是一篇语言活泼、充满童趣的儿童散文。本文以“风”为线索，描写了风在一年四季画出的不同景象。小朋友在读这篇美文的时候，也可以把自己想象成一位画家，画出自己心目中的美景！

zhǒng zi
种子

dài zhāng
岱章

xiǎo zhǒng zi， tǔ lǐ cáng，
小种子，土里藏，

chūn yǔ dī da qiāo xiǎo chuāng。
春雨滴答敲小窗。

zuǒ niǔ niu， yòu huàng huang，
左扭扭，右晃晃，

nèn yá chēng kāi shuǐ jīng fáng。
嫩芽撑开水晶房。

dì yī tiān， shēn lǎn yāo。
第一天，伸懒腰。

dì èr rì， huàn lǜ zhuāng，
第二日，换绿装，

wèn wen yuè yá wān yǎn jing。
问问月牙弯眼睛。

míng tiān zhǎng gāo yǒu duō cháng？
明天长高有多长？

yǔ xià zhe
雨下着

yè shèng táo
叶圣陶

yǔ xià zhe　yuǎn chù de shān　yuǎn chù de shù dōu
雨下着。远处的山、远处的树都
méi yǒu le　tài yáng yě kàn bú jiàn le　zhǐ kàn jiàn mǎn
没有了。太阳也看不见了。只看见满
tiān de yún
天的云。

yǔ diǎnr　yǔ diǎnr　nǐ men de jiā zài
“雨点儿，雨点儿，你们的家在
nǎ lǐ　nǐ men dào dì shàng lái zuò shén me　yǔ
哪里？你们到地上来做什么？”雨

diǎnr méi yǒu shuō shén me zhǐ shì xià gè bù tíng
点儿没有说什么，只是下个不停。

yǔ tíng le yún sàn le tài yáng chū lái le
雨停了。云散了。太阳出来了。

yuǎn chù de shān yuǎn chù de shù yòu kàn de jiàn le shān
远处的山、远处的树又看得见了。山

hé shù bèi yǔ xǐ guo dōu hěn gān jìng
和树被雨洗过，都很干净。

tián lǐ shì huáng huáng de mài yòu yǒu xǔ duō
田里是黄黄的麦，又有许多

de xiǎo niǎo yí zhèn fēng lái mài dōu diǎn zhe tóu
的小鸟。一阵风来，麦都点着头，

xiǎo niǎo dōu fēi sàn le
小鸟都飞散了。

yuè liang
月亮

liú ráo mín
刘饶民

tiān shàng yuè liang yuán yòu yuán
天上月亮圆又圆，

zhào zài hǎi lǐ xiàng yù pán
照在海里像玉盘。

yì qún yú ér yóu guò lái
一群鱼儿游过来，

yù pán suì chéng liǎng sān piàn
玉盘碎成两三片。

yú ér xià de kuài táo kāi
鱼儿吓得快逃开，

yì zhí táo dào yán shí biān
一直逃到岩石边。

huí guò tóu lái kàn yi kàn
回过头来看一看，

yuè liang hái shi yuán yòu yuán
月亮还是圆又圆。

tiáo pí de tài yáng
调皮的太阳

sháo shān
韶 山

tiáo pí de tài yáng lái dào wū zi lǐ xiān kāi bèi
调皮的太阳来到屋子里，掀开被

zi cuī xiǎo péng you zǎo zǎo qǐ chuáng
子，催小朋友早早起床。

tiáo pí de tài yáng lái dào tián yě lǐ shǐ zú jìnr
调皮的太阳来到田野里，使足劲儿

bǎ zhuāng jia wǎng gāo chù bá
把庄稼往高处拔。

tiáo pí de tài yáng lái dào guǒ yuán lǐ tāo chū
调皮的太阳来到果园里，掏出

huà bǐ bǎ píng guǒ tú chéng hóng de bǎ lí zi tú
画笔把苹果涂成红的，把梨子涂

chéng huáng de
成黄的……

tiáo pí de tài yáng guà zài kōng zhōng shuì wǔ jiào
调皮的太阳挂在空中睡午觉，

wēn nuǎn zhe xiǎo péng you de mèng
温暖着小朋友的梦。

tiáo pí de tài yáng duǒ jìn wū yún zhuō mí cáng
调皮的太阳躲进乌云捉迷藏，

huāng de mā ma gǎn jǐn bǎ bèi zi shōu jìn wū zi lǐ
慌得妈妈赶紧把被子收进屋子里。

tiáo pí de tài yáng wán lèi le hóng zhe liǎn duǒ
调皮的太阳玩累了，红着脸躲

jìn xī shān mā ma de huái lǐ
进西山妈妈的怀里。

xiǎo hēi diǎn

小黑点

liú shào péng

刘少鹏

shù lín lǐ yǒu jǐ gè xiǎo hēi diǎn

树林里有几个小黑点，

diǎn dian shùn zhe xiǎo lù lián chéng le chuàn

点点，顺着小路连成了串，

nà shì yì tiáo měi wèi shí wù de yùn shū xiàn

那是一条美味食物的运输线。

xiǎo hé lǐ yǒu jǐ gè xiǎo hēi diǎn

小河里有几个小黑点，

diǎn dian rào zhe hé yè wéi chéng le quān

点点，绕着荷叶围成了圈，

nà shì yì zhī wèi lái yuè duì zài pái liàn

那是一支未来乐队在排练。

tiān kōng zhōng yǒu jǐ gè xiǎo hēi diǎn

天空中有几个小黑点，

diǎn dian chuān guò yún cai fēi xiàng le nán
点点，穿过云彩飞向了南，

nà shì dài zhe qiū tiān xiāo xi de yóu dì yuán
那是带着秋天消息的邮递员。

kàn zài mǎ yǐ bān yùn de xī guā shàng
看，在蚂蚁搬运的西瓜上，

yě yǒu jǐ gè xiǎo hēi diǎn diǎn dian
也有几个小黑点，点点——

nà shì zhǒng zi
那是种子，

huì jiē chū gèng duō de xī guā dà yòu yuán
会结出更多的西瓜，大又圆。

kàn nà ge dú shū de hái zi de xiǎo liǎn shàng
看，那个读书的孩子的小脸上，

shì bú shì yě yǒu jǐ gè xiǎo hēi diǎn diǎn dian
是不是也有几个小黑点？点点——

nà shì shǔ yú nǐ zì jǐ de xiǎo hēi diǎn
那是属于你自己的小黑点，

kě bú shì quē diǎn shì tè diǎn
可不是缺点，是特点。

可爱的动物们

小蚂蚁把红叶当小船，
排成长队去旅行；
小蜘蛛织着银丝网，
接住露珠当滑梯。
看——
动物世界多奇妙，
快停下脚步一起加入他们吧！

xià tiān chóng ér de shēng huó
夏天 虫儿的生活

fǎng zhī niáng zhī bù huā yuán zhōng
纺织娘织布花园中，

yíng ér diǎn zhe xiǎo dēng long
萤儿点着小灯笼，

guō guor chàng gē qīng cǎo lǐ
蝈蝈儿唱歌青草里，

qīng chóng shuì zài dòu péng zhōng
青虫睡在豆棚中，

zhī zhū jié wǎng wū jiǎo shàng
蜘蛛结网屋角上，

táng láng wǔ dāo liàn wǔ gōng
螳螂舞刀练武功，

zhī liǎo shù shàng zhī zhī jiào
知了树上吱吱叫，

qīng tíng fēi wǔ bàn tiān kōng
蜻蜓飞舞半天空。

xiǎo zhī zhū

小蜘蛛

xiǎo zhī zhū，běn lǐng qiáng，
小蜘蛛，本领强，

zì jǐ zuò gè xiǎo diào chuáng。
自己做个小吊床。

fēng ér yáo，fēng ér huàng，
风儿摇，风儿晃，

tián tián měi měi bǎ gē chàng。
甜甜美美把歌唱。

xiǎo kūn chóng，xīn fā yǎng，
小昆虫，心发痒，

dōu xiǎng shàng qù tǎng yi tǎng，
都想上去躺一躺，

āi yā yā，shàng le dàng，
哎呀呀，上了当，

chéng le zhī zhū kǒu zhōng liáng。
成了蜘蛛口中粮。

hóng yè de lǚ xíng

红叶的旅行

tāng sù lán

汤素兰

qiū tiān dào le mǎn shù cuì lǜ de yè zi màn
秋天到了。满树翠绿的叶子慢
màn de biàn chéng le jīn hóng sè dāng yí zhèn qiū
慢地变成了金红色。当一阵秋
fēng chuī lái shí shù shàng nà piàn zuì hóng de yè zi
风吹来时，树上那片最红的叶子
biàn chéng zhe fēng ér piāo luò tā yào qù lǚ xíng le
便乘着风儿飘落。它要去旅行了。

hóng yè luò zài hú biān xiàng yì zhī hóng sè de
红叶落在湖边，像一只红色的
xiǎo chuán
小船。

zhè me piào liang de hóng yè xiǎo chuán shuí lái
这么漂亮的红叶小船，谁来
zuò ne
坐呢？

hú biān zhù zhe yì wō xiǎo mǎ yǐ zú zú yǒu
湖边住着一窝小蚂蚁，足足有
sān bǎi zhī tā men zǎo jiù xiǎng dào hú duì àn qù kàn yi
三百只。他们早就想到湖对岸去看一
kàn le kě shì tā men méi yǒu chì bǎng fēi bú guò
看了。可是，他们没有翅膀，飞不过
hú miàn tā men de tuǐ yě bú gòu cháng rào zhe hú zǒu
湖面；他们的腿也不够长，绕着湖走
yì quān bù zhī dào děi fèi duō shǎo shí jiān ne zhè xià
一圈，不知道得费多少时间呢。这下
hǎo le yí piàn piào liang de hóng yè luò zài tā men de
好了，一片漂亮的红叶落在他们的
jiā mén kǒu jiù xiàng yì zhī piào liang de chuán ér kě
家门口，就像一只漂亮的船儿，可
yǐ zài zhe tā men dào hú nà biān qù
以载着他们到湖那边去。

xiǎo mǎ yǐ men pá shàng hóng yè chuán yòng xì
小蚂蚁们爬上红叶船，用细
xiǎo de shù zhī dàng jiǎng dà jiā qí xīn xié lì yì qǐ
小的树枝当桨，大家齐心协力一起
huá wēi wēi de qiū fēng chuī dòng hú shuǐ bāng zhù tā
划。微微的秋风吹动湖水，帮助他
men tuī dòng hóng yè chuán méi duō jiǔ xiǎo xiǎo de hóng
们推动红叶船。没多久，小小的红

yè chuán jiù huá guò dà hú dào le hú duì àn xiǎo mǎ
叶船就划过大湖，到了湖对岸。小蚂

yǐ men zài zhèr zhǎo dào le xǔ duō hǎo chī de dōng xi
蚁们在这儿找到了许多好吃的东西，

tā men zài hú de zhè biān ān le yí gè xīn jiā
他们在湖的这边安了一个新家。

hóng yè chuán gē qiǎn zài hú àn biān qiū chán zài
红叶船搁浅在湖岸边。秋蝉在

hú àn biān de shù shàng chàng gē tā zài chàng qiū tiān
湖岸边的树上唱歌。他在唱秋天

de zuì hòu yì shǒu gē hú shuǐ wēi hán shù yè jīn huáng
的最后一首歌：“湖水微寒，树叶金黄，

qiū gāo qì shuǎng guā guǒ mǎn yuán zhàn zài qiū tiān kàn
秋高气爽，瓜果满园，站在秋天，看
de gèng yuǎn
得更远……”

qiū chán chàng wán zuì hòu yì shǒu gē jiù yào tuì
秋蝉唱完最后一首歌，就要蜕
diào chán qiào dào dì lǐ shuì jiào qù le qiū chán kàn
掉蝉壳，到地里睡觉去了。秋蝉看
dào měi lì de hóng yè gāo xìng de shuō zhè piàn hóng
到美丽的红叶，高兴地说：“这片红
yè zhēn hǎo dāng wǒ dào dì lǐ shuì jiào de shí hou
叶真好，当我到地里睡觉的时候，
zhèng hǎo kě yǐ yòng tā lái dàng bèi zi gài
正好可以用它来当被子盖。”

qiū chán tuō diào shēn shàng hēi sè de kuī jiǎ
秋蝉脱掉身上黑色的盔甲，
zuān jìn dì lǐ qù tā bǎ hóng yè tuō guò lái gài zài
钻进地里去。他把红叶拖过来，盖在

shàng miàn qiū chán zài wēn nuǎn de dì xià shuì zháo le
上面。秋蝉在温暖的地下睡着了。

yì zhī xiǎo lǎo shǔ jīng guò zhèr kàn dào dì shàng
一只小老鼠经过这儿，看到地上

de hóng yè shuō zhè piàn yè zi zhēn piào liang wǒ yào
的红叶，说：“这片叶子真漂亮，我要

bǎ tā dài huí jiā qù
把它带回家去。”

xiǎo lǎo shǔ bǎ hóng yè guà zài chuāng zi shàng dàng
小老鼠把红叶挂在窗子上当

chuāng lián xiǎo lǎo shǔ pā zài chuāng kǒu xiàng wài miàn
窗帘。小老鼠趴在窗口向外面

kàn zhàn lán de tiān kōng shàng bái yún duǒ duǒ yuán yě
看：湛蓝的天空上白云朵朵，原野

shàng de shù lín yí piàn jīn hóng kōng qì zhōng piāo sàn zhe
上的树林一片金红，空气中飘散着

guā guǒ de xiāng wèi
瓜果的香味。

xiǎo lǎo shǔ shuō qiū tiān zhēn měi a
小老鼠说：“秋天真美啊！”

zǒu shān lù
走山路

qián dé cí
钱德慈

zǎo chen yí piàn wù
早晨一片雾，

shān lǐ kàn bù qīng lù
山里看不清路，

jí huài le xiǎo zhū xiǎo lù hé xiǎo tù
急坏了小猪、小鹿和小兔。

xiǎo tù lǐng xiǎo zhū
小兔领小猪，

xiǎo zhū lā xiǎo lù
小猪拉小鹿，

chě zhe téng
扯着藤，

fú zhe shù
扶着树，

yí bù yí bù zǒu shān lù
一步一步走山路。

qiū fēng pó po lái bāng zhù
秋风婆婆来帮助，

hū hū
呼——呼——

yí xià zi chuī sàn mǎn tiān wù
一下子吹散满天雾。

shǔ há ma

数蛤蟆

yì zhī há ma yì zhāng zuǐ

一只蛤蟆一张嘴，

liǎng zhī yǎn jing sì tiáo tuǐ

两只眼睛四条腿，

pū tōng yì shēng tiào xià shuǐ

扑通一声跳下水。

liǎng zhī há ma liǎng zhāng zuǐ

两只蛤蟆两张嘴，

sì zhī yǎn jing bā tiáo tuǐ
四只眼睛八条腿，

pū tōng pū tōng tiào xià shuǐ
扑通扑通跳下水。

sān zhī há ma sān zhāng zuǐ
三只蛤蟆三张嘴，

liù zhī yǎn jing shí èr tiáo tuǐ
六只眼睛十二条腿，

pū tōng pū tōng pū tōng tiào xià shuǐ
扑通扑通扑通跳下水。

shù dòng lǐ de xiǎo xīng xing
树洞里的小星星

liú bīn
刘斌

xiǎo sōng shǔ shí dào yì kē huì fā guāng de xīng
小松鼠拾到一颗会发光的星

xing tā jiāng xīng xing dài huí zì jǐ de shù dòng lǐ
星，他将星星带回自己的树洞里。

yǒu le tā wǒ de jiā duō míng liàng ya
“有了它，我的家多明亮呀！”

wǎn shang xiǎo sōng shǔ tīng dào dà shù xià yǒu jiǎo bù
晚上，小松鼠听到大树下有脚步

shēng chū qù yí kàn yuán lái shì xiǎo tù mí lù le
声，出去一看，原来是小兔迷路了。

xiǎo sōng shǔ lì kè bǎ huì fā guāng de xīng xing sòng
小松鼠立刻把会发光的星星送

gěi xiǎo tù yǒu le tā dài lù nǐ huì hěn kuài dào jiā
给小兔。“有了它带路，你会很快到家

de xiǎo sōng shǔ de shù dòng lǐ méi yǒu le guāng kě
的。”小松鼠的树洞里没有了光，可

tā de xīn lǐ què chōng mǎn guāng liàng
他的心里却充满光亮。

dòng wù yuán

动物园

dòng wù yuán lǐ duō qí shòu

动物园里多奇兽，

hǔ bào shī xiàng yàng yàng yǒu

虎豹狮象样样有。

dài shǔ bān mǎ cháng jǐng lù

袋鼠斑马长颈鹿，

hái yǒu dú jiǎo niú

还有独角牛。

xīng xing hóu zi xiàng xiōng dì

猩猩猴子像兄弟，

hé mǎ hǎi bào zuò péng you

河马海豹做朋友。

hēi xióng lái qù zhuàng tiě zhà

黑熊来去撞铁栅，

zhǐ xiǎng xún lù zǒu

只想寻路走。

处处留心皆风景

春风轻轻敲打你的窗子，
带来春天的色彩和气息，
太阳带着彩虹向你问好——
你好呀，小朋友！
四季变换的五颜六色，点缀了山河，
春花、夏蝉、秋叶、冬雪，到处都是风景，
请你用心去感受吧！

kuài bǎ chuāng zi dǎ kāi
快把窗子打开

lín wǔ xiàn
林武宪

yáng guāng zài chuāng wài zhàn zhe
阳光在窗外站着，

chūn fēng zài chuāng wài dāi zhe
春风在窗外待着，

bié ràng tā men děng de tài jiǔ a
别让他们等得太久啊。

kuài bǎ chuāng zi dǎ kāi
快把窗子打开！

gǎn kuài bǎ chuāng zi dǎ kāi
赶快把窗子打开！

hǎo huān yíng
好欢迎

huó pō de chūn tiān jìn lái
活泼的春天进来，

huān yíng chūn tiān de qì wèi
欢迎春天的气味，

huān yíng chūn tiān de guāng cǎi
欢迎春天的光彩。

ràng qīng shān lǜ shù
让青山、绿树

bǎ chuāng zi dǎ ban qǐ lái
把窗子打扮起来！

chūn guāng zài chuāng wài rǎng zhe
春光在窗外嚷着，

chūn tiān zài chuāng wài děng zhe
春天在窗外等着，

huān yíng tā men yì qǐ jìn lái ya
欢迎他们一起进来呀，

gǎn kuài bǎ chuāng zi dǎ kāi
赶快把窗子打开。

tài yáng de yán sè

太阳的颜色

wàng ān

望 安

xiǎo huáng lí shuō tài yáng shì huáng sè de
小黄鹂说："太阳是黄色的。
nuò rǎn huáng le wǒ de chì bǎng
喏，染黄了我的翅膀。"

dà píng guǒ shuō tài yáng shì hóng sè de nuò
大苹果说："太阳是红色的。喏，
rǎn hóng le wǒ de liǎn dàn
染红了我的脸蛋。"

yì tiān yǔ guò tiān qíng tài yáng zhào zài tiān
一天，雨过天晴，太阳照在天
kōng de xiǎo shuǐ zhū shàng biàn huàn chū yí dào wān wān de
空的小水珠上，变幻出一道弯弯的
cǎi hóng guà zài tiān biān
彩虹，挂在天边。

xiǎo huáng lí dà píng guǒ jī dòng de huān hū
小黄鹂、大苹果激动地欢呼

qǐ lái hóng chéng huáng lǜ qīng lán zǐ
起来：“红、橙、黄、绿、青、蓝、紫。

duō měi de cǎi hóng a yuán lái tài yáng yǒu zhè me duō de
多美的彩虹啊！原来太阳有这么多的

yán sè ya
颜色呀！”

wǔ huā shān

五花山

xuē wèi mín

薛卫民

chūn tiān de shān shì lǜ sè de nà lǜ sè dàn dàn
春天的山是绿色的，那绿色淡淡

de xǔ duō shù yè gāng mào chū yá lái hái dài zhe nèn
的，许多树叶刚冒出芽来，还带着嫩

nèn de huáng sè ne
嫩的黄色呢。

xià tiān de shān yě shì lǜ sè de nà lǜ sè nóng
夏天的山也是绿色的，那绿色浓

nóng de yí piàn piàn yè bù guǎn shì dà de hái shi
浓的，一片片叶，不管是大的还是

xiǎo de dōu xiàng bèi lǜ yóu cǎi tú guo lián yǔ diǎn
小的，都像被绿油彩涂过，连雨点

luò shàng qù dōu bèi rǎn lǜ le
落上去，都被染绿了。

qiū tiān de shān bú zài shì yì zhǒng yán sè le
秋天的山不再是一种颜色了。

xià guò yì cháng qiū shuāng yǒu de shù lín biàn chéng le
下过一场秋霜，有的树林变成了

jīn huáng sè hǎo xiàng suǒ yǒu de yáng guāng dōu jí
金黄色，好像所有的阳光都集

zhōng dào nàr qù le yǒu de shù lín biàn chéng le
中到那儿去了；有的树林变成了

xìng huáng sè yuǎn yuǎn wàng qù jiù xiàng zhī tóu guà
杏黄色，远远望去，就像枝头挂

mǎn le shú tòu de xìng hé lí yǒu de shù lín biàn chéng
满了熟透的杏和梨；有的树林变成

le huǒ hóng sè fēng yì chuī shù lín tiào qǐ wǔ lái
了火红色，风一吹，树林跳起舞来，

jiù xiàng yí cù cù huǒ miáo zài tiào yuè hái yǒu de shù lín
就像一簇簇火苗在跳跃；还有的树林

biàn de zǐ hóng zǐ hóng gēn jù chǎng lǐ de zǐ róng mù
变得紫红紫红，跟剧场里的紫绒幕

bù de yán sè yí yàng zhǐ yǒu sōng bǎi bú pà qiū shuāng
布的颜色一样。只有松柏不怕秋霜，

zhēn yí yàng de yè zi hái shi nà me cuì lù
针一样的叶子还是那么翠绿。

qiū tiān de shān yí piàn jīn huáng yí piàn huǒ hóng
秋天的山一片金黄，一片火红，

yí piàn cuì lù rén men gěi zhè wǔ yán liù sè de shān
一片翠绿……人们给这五颜六色的山

qǐ le gè hǎo tīng de míng zi jiào wǔ huā shān
起了个好听的名字，叫“五花山”。

yè zi de yǎn jing

叶子的眼睛

chén mù chéng

陈木城

shān shàng de zǎo chen

山上的早晨，

wù qì hái mí mí méng méng

雾气还迷迷蒙蒙，

yáng guāng jiù zǒu jìn sēn lín

阳光就走进森林，

jiǎo bù hěn qīng hěn qīng

脚步，很轻很轻，

bù xiǎo xīn bǎ shù yè yáo xǐng

不小心把树叶摇醒，

à

啊——

shuǐ líng líng liàng jīng jīng

水灵灵，亮晶晶，

lù zhūr shì yè zi de yǎn jing

露珠儿是叶子的眼睛。

zhǎ ya zhǎ de hǎo xiàng shuō

眨呀眨的好像说：

tiān liàng le zhēn gāo xìng

天亮了，真高兴！

yún fáng zi
云房子

xiè huá
谢 华

gāng gāng xià le yì cháng yǔ tài yáng gōng gong
刚刚下了一场雨，太阳公公

hái lái bù jí bǎ yún quán shōu huí qù yǒu yì xiē jiù liú
还来不及把云全收回去，有一些就留

zài tiān shàng le
在天上了。

yì qún xiǎo niǎo fēi guò lái tā men shuō à
一群小鸟飞过来，他们说：“啊，

zhè me duō bái yún wǒ men lái zào yún fáng zi bù
这么多白云！我们来造云房子。”不

yí huìr yún fáng zi zào hǎo le yǒu de
一会儿，云房子造好了：有的
xiàng dà dōng guā nà yàng shǎ shǎ de héng zhe
像大冬瓜那样傻傻地横着，
yǒu de xiàng huā ér nà yàng měi měi de kāi zhe
有的像花儿那样美美地开着。
yǒu hěn gāo de dà lóu fáng yǒu hěn kuān de dà
有很高的大楼房，有很宽的大
lǐ táng yě yǒu yì diǎn diǎn xiǎo de xiǎo de
礼堂，也有一点点小的，小得
zhǐ kě yǐ zhù jìn yì zhī xiǎo má què
只可以住进一只小麻雀。

xiǎo niǎo men kāi xīn jí le tā men cóng zhè zhuàng
小鸟们开心极了，他们从这幢
yún fáng zi lǐ fēi chū lái yòu xiàng nà zhuàng yún fáng zi
云房子里飞出来，又向那幢云房子
fēi guò qù jī ji zhā zhā jī ji zhā zhā nǐ dào
飞过去。叽叽喳喳，叽叽喳喳。你到
wǒ de fáng zi lǐ lái zuò kè wǒ dào nǐ de fáng zi lǐ
我的房子里来做客，我到你的房子里
qù wán shuǎ
去玩耍。

hū rán hū lā lā chuī lái yí zhèn fēng yí
忽然，呼啦啦吹来一阵风。咦？

yún fáng zi biàn xiǎo le yún fáng zi bú jiàn le yún
云房子变小了，云房子不见了。云

fáng zi nǎr qù la
房子哪儿去啦？

méi yǒu le méi yǒu le tiān kōng xiàng xǐ guo
没有了，没有了。天空像洗过

yí yàng gān jìng zhǐ shèng xià yí gè xiào mī mī de tài
一样干净，只剩下一个笑眯眯的太

yáng hé yí piàn shuǐ wāng wāng de lán tiān
阳和一片水汪汪的蓝天。

sì jì de gē
四季的歌

chūn tiān qiāo qiāo de zǒu lái
春天悄悄地走来，

xī shuǐ chàng qǐ le gē ér
溪水唱起了歌儿，

dīng dōng dīng dōng
叮咚，叮咚。

bǎi huā qí fàng
百花齐放，

chūn gēng chūn zhòng máng
春耕春种忙。

xià tiān qiāo qiāo de zǒu lái
夏天悄悄地走来，

jīn chán chàng qǐ le gē ér
金蝉唱起了歌儿，

zhī liǎo zhī liǎo
知了，知了。

lǜ shù chéng háng
绿树成行，

yuán lǐ guā guǒ xiāng
园里瓜果香。

qiū tiān qiāo qiāo de zǒu lái
秋天悄悄地走来，

hóng yè chàng qǐ le gē ér
红叶唱起了歌儿，

shā shā shā shā
沙沙，沙沙。

dào gǔ jīn huáng
稻谷金黄，

liáng shi duī mǎn cāng
粮食堆满仓。

dōng tiān qiāo qiāo de zǒu lái
冬天悄悄地走来，

běi fēng chàng qǐ le gē ér
北风唱起了歌儿，

hū lā hū lā
呼啦，呼啦。

xuě huā fēi yáng
雪花飞扬。

xīn nián hǎo fēng guāng
新年好风光。

版权声明

快乐读书吧系列丛书

和大人一起读 2

肖维玲 主编

山东大学出版社
SHANDONG UNIVERSITY PRESS
·济南·

图书在版编目（CIP）数据

和大人一起读．2 / 肖维玲主编．-- 济南 ： 山东大学出版社， 2025. 6. --（快乐读书吧系列丛书 / 肖维玲主编）. -- ISBN 978-7-5607-8856-2

Ⅰ. G624.233

中国国家版本馆 CIP 数据核字第 2025CX1168 号

责任编辑　孙艳凤
文案编辑　孙婷婷
封面设计　李文静

和大人一起读 2
HE DAREN YIQI DU 2

出版发行　山东大学出版社
社　　址　山东省济南市山大南路 20 号
邮政编码　250100
发行热线　(0531)88363008
经　　销　新华书店
印　　刷　天津联城印刷有限公司
规　　格　710 毫米 ×1000 毫米　1/16
　　　　　16.5 印张　317 千字
版　　次　2025 年 6 月第 1 版
印　　次　2025 年 6 月第 1 次印刷
定　　价　78.00 元（全四册）

目录

我爱我的家

第一次上学

友谊藏宝图

我爱我的家

妈妈的手会变出香喷喷的饭团，

爸爸的肩膀是最棒的风景瞭望台，

家是装满笑声的糖果罐，

是下雨天躲雨的蘑菇小屋。

这里的故事会告诉你——

爱就像奶奶织的毛衣，

一针一线都是温暖。

xiǎo bēi lǒu
小背篓

yáng fú jiǔ
杨福久

xiǎo bēi lǒu
小背篓，
yuán liū liū
圆溜溜，
gē ge bēi zhe mǎn shān zǒu
哥哥背着满山走。

cǎi guǒ zi
采果子，
zhuāng mǎn lǒu
装满篓，
huí lái sòng gěi xiǎo péng you
回来送给小朋友。

jīn sè huā

金色花

yìn dù tài gē ěr
[印度]泰戈尔

zhèng zhèn duó yì
郑振铎 译

jiǎ rú wǒ biàn chéng le yì duǒ jīn sè huā
假如我变成了一朵金色花，

zhǐ shì wèi le hǎo wán
只是为了好玩，

zhǎng zài nà kē shù de gāo zhī shàng
长在那棵树的高枝上，

xiào hā hā de zài fēng zhōng yáo bǎi
笑哈哈地在风中摇摆，

yòu zài xīn shēng de shù yè shàng tiào wǔ
又在新生的树叶上跳舞，

mā ma nǐ huì rèn shi wǒ ma
妈妈，你会认识我吗？

nǐ yào shi jiào dào
你要是叫道：

hái zi nǐ zài nǎ lǐ ya
“孩子，你在哪里呀？”

wǒ àn àn de zài nà lǐ tōu xiào
我暗暗地在那里偷笑，
què yì shēngr bù xiǎng
却一声儿不响。
wǒ yào qiāo qiāo de kāi fàng huā bànr
我要悄悄地开放花瓣儿，
kàn zhe nǐ gōng zuò
看着你工作。

dāng nǐ zǒu guò kāi mǎn huā de shù
当你走过开满花的树，
nǐ huì xiù dào zhè huā de xiāng qì
你会嗅到这花的香气，
què bù zhī dào zhè xiāng qì shì cóng wǒ shēn shàng lái de
却不知道这香气是从我身上来的。

dāng nǐ chī guo zhōng fàn
当你吃过中饭，
zuò zài chuāng qián dú shū
坐在窗前读书，
nà kē shù de yīn yǐng luò zài
那棵树的阴影落在
nǐ de tóu fa yǔ xī shàng shí
你的头发与膝上时，

wǒ biàn yào tóu wǒ de xiǎo xiǎo de yǐng zi zài nǐ de shū yè shàng
我便要投我的小小的影子在你的书页上，

nǐ huì cāi de chū zhè jiù shì nǐ de hái zi de
你会猜得出这就是你的孩子的

xiǎo xiǎo yǐng zi ma
小小影子吗？

dāng nǐ huáng hūn shí ná le dēng dào niú péng lǐ qù
当你黄昏时拿了灯到牛棚里去，

wǒ biàn yào tū rán de zài luò dào dì shàng lái
我便要突然地再落到地上来，

yòu chéng le nǐ de hái zi
又成了你的孩子，

qiú nǐ jiǎng gè gù shi gěi wǒ tīng
求你讲个故事给我听。

nǐ dào nǎ lǐ qù le nǐ zhè huài hái zi
“你到哪里去了，你这坏孩子？”

nà shí wǒ huì shuō
那时我会说：

wǒ bú gào su nǐ mā ma
“我不告诉你，妈妈。”

xuǎn rù běn shū shí yǒu shān gǎi
（选入本书时有删改）

yì bǎ kuài zi

一把筷子

cóng qián yǒu jǐ xiōng dì cháng cháng chǎo jià
从前，有几兄弟，常常吵架。

fù qīn bǎ tā men jiào dào gēn qián ná chū yì
父亲把他们叫到跟前，拿出一

bǎ kuài zi shuō nǐ men shuí néng bǎ zhè bǎ kuài zi
把筷子，说：“你们谁能把这把筷子

zhé duàn
折断？”

jǐ xiōng dì dōu zhé le zhé shuí yě zhé bú duàn
几兄弟都折了折，谁也折不断。

fù qīn bǎ zhè bǎ kuài zi chāi sǎn le fēn gěi měi
父亲把这把筷子拆散了，分给每

rén yì gēn jiào tā men zài zhé zhè cì tā men yì
人一根，叫他们再折。这次，他们一

zhé jiù duàn le
折就断了。

fù qīn shuō nǐ men kàn yì bǎ kuài zi duō jiē
父亲说：“你们看，一把筷子多结

shi zhé bú duàn yì gēn kuài zi hěn róng yì jiù zhé duàn
实，折不断。一根筷子很容易就折断

le yǐ hòu nǐ men bú yào chǎo le tuán jié qǐ lái
了。以后，你们不要吵了，团结起来

cái huì yǒu lì liàng
才会有力量。”

xiǎo yún duǒ huí jiā le
小云朵回家了

wáng tú ruì
王涂睿

zì cóng xiǎo yún duǒ biàn chéng xiǎo yǔ dī luò dào chí
自从小云朵变成小雨滴落到池
táng lǐ jiù kāi shǐ xiǎng jiā le
塘里，就开始想家了。

tā xiǎng qǐ tǎng zài yún mā ma de huái lǐ kàn lán lán
她想起躺在云妈妈的怀里看蓝蓝
de tiān xiǎng qǐ yún mā ma měi lì de wǎn xiá gěi zì jǐ
的天；想起云妈妈美丽的晚霞给自己
zuò de yī shang xiǎng qǐ tài yáng gōng gong bǎ yáng guāng
做的衣裳；想起太阳公公把阳光
sǎ zài zì jǐ shēn shàng nuǎn yáng yáng de kě shū fu
洒在自己身上，暖洋洋的，可舒服
le xiǎng qǐ xiǎo niǎo men hé zì jǐ zhuō mí cáng zài
了；想起小鸟们和自己捉迷藏……在
jiā lǐ de rì zi shì duō me kuài lè a
家里的日子是多么快乐啊！

xiǎng zhe xiǎng zhe xiǎo yǔ dī liú xià le yǎn lèi
想着想着，小雨滴流下了眼泪。

zhè shí tài yáng gōng gong kàn jiàn le jiù wèn dào
这时，太阳公公看见了，就问道：

xiǎo yǔ dī nǐ wèi shén me kū wa

"小雨滴，你为什么哭哇？"

xiǎo yǔ dī nán guò de shuō wǒ xiǎng jiā le wǒ xiǎng biàn huí xiǎo yún duǒ huí dào mā ma de huái bào

小雨滴难过地说："我想家了，我想变回小云朵回到妈妈的怀抱。"

tài yáng gōng gong xiào mī mī de shuō bié kū bié kū wǒ néng bǎ nǐ sòng huí jiā

太阳公公笑眯眯地说："别哭，别哭，我能把你送回家。"

shuō wán tài yáng gōng gong sàn fā chū qiáng liè de guāng máng zhào zài xiǎo yǔ dī de shēn shàng xiǎo yǔ dī jué de yuè lái yuè rè yuè lái yuè qīng màn màn de piāo le qǐ lái yā tā yòu biàn chéng le xiǎo yún duǒ

说完，太阳公公散发出强烈的光芒，照在小雨滴的身上。小雨滴觉得越来越热，越来越轻，慢慢地飘了起来。呀！她又变成了小云朵。

xiǎo yún duǒ yuè fēi yuè gāo lí jiā yuè lái yuè jìn zhōng yú huí dào le jiā hé mā ma jǐn jǐn de bào zài le yì qǐ

小云朵越飞越高，离家越来越近，终于回到了家，和妈妈紧紧地抱在了一起！

wǒ ài wǒ jiā

我爱我家

xià niǎn shēng

夏辇生

jiā shì shén me

家是什么？

jiā shì yì zhǎn dēng yí gè wū yán yì zhāng

家，是一盏灯，一个屋檐，一张

róu ruǎn de chuáng

柔软的床。

yǒu le dēng bú zài hài pà yè wǎn méi yǒu xīng xing

有了灯，不再害怕夜晚没有星星

hé yuè liang

和月亮。

yǒu le wū yán bú zài dān xīn fēng chuī yǔ dǎ

有了屋檐，不再担心风吹雨打。

yǒu le chuáng lèi le kùn le kě yǐ shuì shàng

有了床，累了，困了，可以睡上

tián tián de jiào zuò gè měi měi de mèng

甜甜的觉，做个美美的梦。

jiā shì shén me

家是什么？

jiā shì yì lún tài yáng bà ba mā
家是一轮太阳。爸爸妈

ma huān lè de xiào róng hé chéng yì lǚ
妈欢乐的笑容，合成一缕

lǚ hé nuǎn de yáng guāng
缕和暖的阳光。

xiǎo jú xiān zuò huā gāo
小菊仙做花糕

gě xīn
葛欣

chóng yáng jié zhè tiān tuán tuan hé yuán yuan péi
重阳节这天，团团和圆圆陪
wài pó qù dēng shān
外婆去登山。

tā men zhǎo le yí piàn cǎo dì tǎng le xià lái
他们找了一片草地躺了下来。
wài pó hé hái zi men shuō zhe xiǎo shí hou dēng shān de
外婆和孩子们说着小时候登山的
shì shuō zhe shuō zhe jiù xiǎng qǐ le qīng wēi de
事，说着说着，就响起了轻微的
hū lū shēng
呼噜声……

tū rán tuán tuan hé yuán yuan tīng dào yí zhèn xī
突然，团团和圆圆听到一阵窸

xī sū sū de shēng yīn
窸窣窣的声音。

shì shén me shēng yīn tā men zhǎo a zhǎo a
“是什么声音？”他们找啊找啊。

zài nǎr ne
“在哪儿呢？”

zài zhèr ma
“在这儿吗？……”

zhí dào bā kāi yí cù jú huā
直到扒开一簇菊花。

à
啊……

yuán lái shì yì qún jīng líng
原来，是一群精灵！

tā men wéi zhe yì kǒu dà guō yǒu de káng zhe yì
他们围着一口大锅，有的扛着一

bǎ dà sháo yǒu de qí zài niǎo ér bèi shàng
把大勺，有的骑在鸟儿背上……

zhè jiù shì wài pó hé wǒ men jiǎng guo de xiǎo jú
“这就是外婆和我们讲过的小菊

xiān ba tuán tuan yuán yuan duǒ zài shù hòu shēng pà
仙吧！”团团圆圆躲在树后，生怕

dǎ rǎo le tā men
打扰了他们。

wǒ men jiā le zuì qīng de shuǐ
“我们加了最清的水。”

wǒ men jiā le zuì xiāng de jú huā
“我们加了最香的菊花。”

ὴg wǒ men jiā le zuì tián de bīng táng hé
“嗯……我们加了最甜的冰糖和

mǎ tí fěn wǒ men yào zuò chū zuì měi wèi de jú huā gāo
马蹄粉，我们要做出最美味的菊花糕。”

wǒ lái cháng yi cháng
“我来尝一尝！”

yí wèi dào bú duì ya hái chà yí yàng dōng
“咦？味道不对呀！还差一样东

xi shì shén me ne
西……是什么呢？”

jiù zài zhè shí qǐ fēng le wǒ men gāi huí qù
就在这时起风了，“我们该回去

le wài pó shuì zháo le huì zháo liáng de tuán tuan
了，外婆睡着了会着凉的。”团团
hé yuán yuan yí lù pǎo le huí qù tā men qiāo qiāo gěi
和圆圆一路跑了回去，他们悄悄给
wài pó pī shàng le wài tào
外婆披上了外套。

yí wèi xiǎo jú xiān bǎ zhè yí qiè dōu kàn zài yǎn lǐ
一位小菊仙把这一切都看在眼里。

hā wǒ zhī dào le wǒ zhī dào chà shén me
“哈！我知道了，我知道差什么
le shì ài de wèi dào
了，是爱的味道！”

xiǎo jú xiān men mǎn yì de xiàng guō lǐ chuī le chuī
小菊仙们满意地向锅里吹了吹，
xiàng bèi shī le mó fǎ yí yàng xiǎo xiǎo de jú huā gāo
像被施了魔法一样，小小的菊花糕
biàn chéng le dà dà de jú huā gāo
变成了大大的菊花糕。

kuài kuài wǒ men gǎn jǐn bǎ jú huā gāo gěi
“快，快，我们赶紧把菊花糕给
hái zi men sòng guò qù ba
孩子们送过去吧！”

à kuài kàn shì xiǎo jú xiān lái la
“啊，快看，是小菊仙来啦！”

zhè ge jú huā gāo yě yǒu nǐ men de gōng láo
“这个菊花糕也有你们的功劳，

yīn wèi jiā jìn le nǐ men de xiào shùn ài xīn tā
因为加进了你们的孝顺、爱心，它

men cái gé wài de měi wèi xiǎo jú xiān men xiào zhe
们才格外的美味。”小菊仙们笑着

shuō dào
说道。

xiǎo jú xiān bǎ jú huā gāo quán dōu gěi le tuán tuan
小菊仙把菊花糕全都给了团团

hé yuán yuan tuán tuan yuán yuan bǎ tā men xiǎo xīn de
和圆圆，团团圆圆把它们小心地

pěng zài shǒu xīn lǐ tā men jué dìng bǎ jú huā gāo dài
捧在手心里，他们决定把菊花糕带

huí jiā zhè yàng yì jiā rén dōu néng chī dào la
回家，这样一家人都能吃到啦！

第一次上学

铅笔在田字格里跳格子舞，
橡皮擦追着错别字跑步。
看！课本里的小精灵们，
在等你用朗读声来唤醒。
嘘——
教室窗外的蝴蝶也在偷学拼音呢，
快把生字读给春天听吧！

xiǎo shū bāo， yáo ya yáo
小书包，摇呀摇

xiāng níng
乡 宁

xiǎo shū bāo， yáo ya yáo
小书包，摇呀摇，

bèng bèng tiào tiào shàng xué xiào
蹦蹦跳跳上学校。

tài yáng gōng gong wēi wēi xiào
太阳公公微微笑，

lù biān xiǎo huā shuō zǎo zǎo
路边小花说早早！

jiào shì mén， qīng qīng qiāo
教室门，轻轻敲，

lǎo shī kuā wǒ yǒu lǐ mào
老师夸我有礼貌。

xīn qiān bǐ， xīn xiàng pí
新铅笔，新橡皮，

zhěng zhěng qí qí duì wǒ xiào
整整齐齐对我笑。

lǎo shī de huà yǔ

老师的话语

xǔ jì róng

许继荣

shān gǔ de quán shuǐ

山谷的泉水，

yì diǎn yì diǎn qīng qīng de

一点一点清清的。

chūn tiān de huā mì

春天的花蜜，

yì dī yì dī tián tián de

一滴一滴甜甜的。

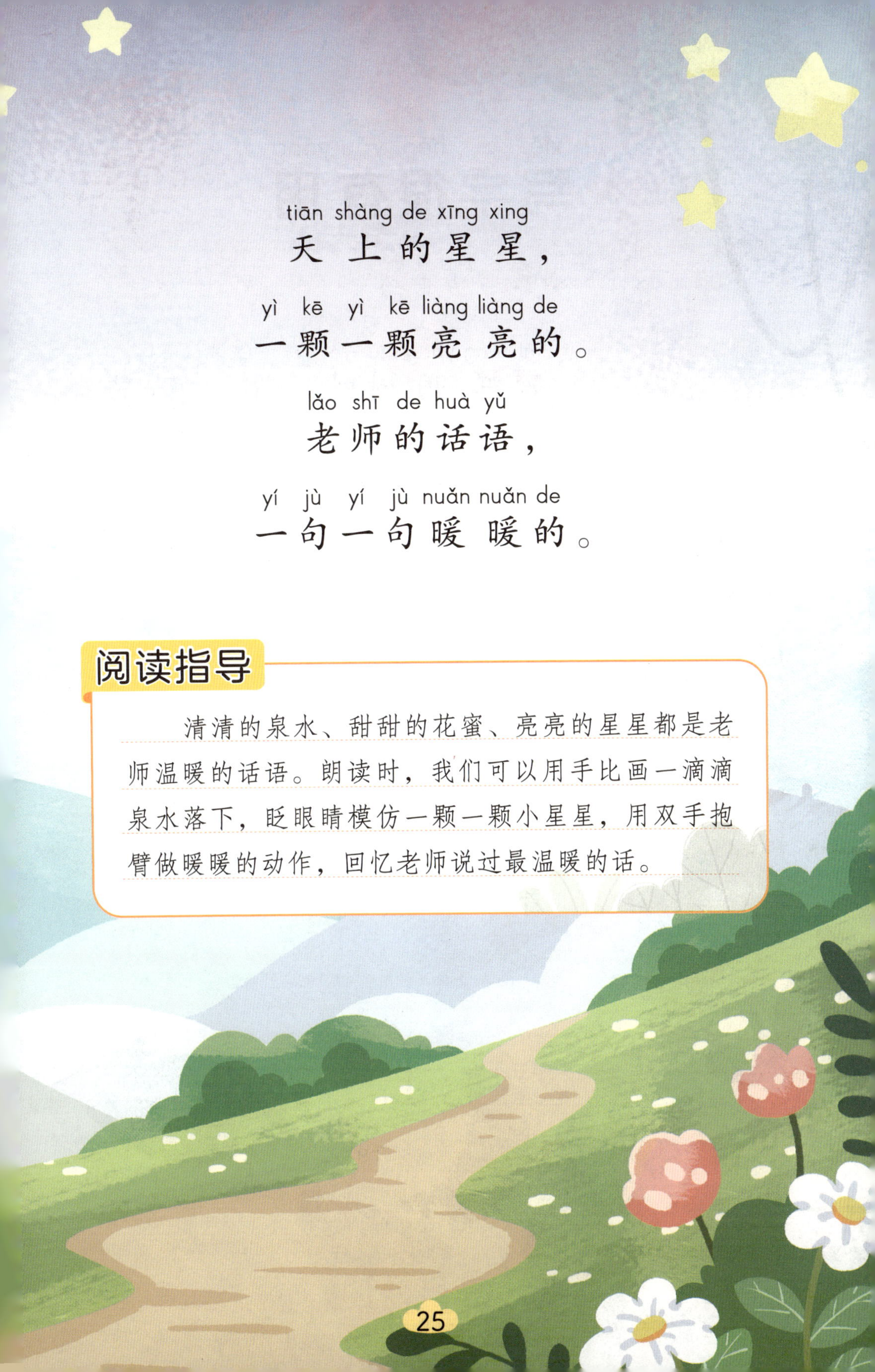

tiān shàng de xīng xing
天上的星星，

yì kē yì kē liàng liàng de
一颗一颗亮亮的。

lǎo shī de huà yǔ
老师的话语，

yí jù yí jù nuǎn nuǎn de
一句一句暖暖的。

阅读指导

清清的泉水、甜甜的花蜜、亮亮的星星都是老师温暖的话语。朗读时，我们可以用手比画一滴滴泉水落下，眨眼睛模仿一颗一颗小星星，用双手抱臂做暖暖的动作，回忆老师说过最温暖的话。

xiě zì hěn yǒu yòng
写字很有用

fāng sù zhēn
方素珍

mì fēng yòng shù yè
蜜蜂用树叶，

xiě xìn gěi mǎ yǐ
写信给蚂蚁。

yǎo le sān gè dòng
咬了三个洞，

biǎo shì wǒ xiǎng nǐ
表示“我想你”。

mǎ yǐ jiē dào xìn
蚂蚁接到信，

kàn le bàn diǎn zhōng
看了半点钟，

yě yǎo le sān gè dòng
也咬了三个洞，

biǎo shì kàn bù dǒng
表示“看不懂”。

mǎ yǐ hé mì fēng
蚂蚁和蜜蜂，

shāng liang dà shì qing
商量大事情：

gǎn kuài xué xiě zì
“赶快学写字，

xiě zì hěn yǒu yòng
写字很有用。”

阅读感悟

蜜蜂和蚂蚁在树叶上“咬了三个洞”传递信息，互相谁也看不懂，因为它们都不会写字。这说明写字是记录生活的工具，小朋友们要好好学习写字呀！

bā wèi gù wèn
八位顾问

táo xíng zhī
陶行知

wǒ yǒu bā wèi hǎo péng you kěn bǎ wàn shì zhǐ dǎo wǒ
我有八位好朋友，肯把万事指导我。

nǐ ruò xiǎng wèn zhēn míng xìng míng zi bù tóng dōu xìng hé
你若想问真名姓，名字不同都姓何：

hé shì　hé gù
何事，何故，

hé rén　hé rú
何人，何如，

hé shí　hé dì
何时，何地，

hé qù　hǎo xiàng dì di yǔ gē ge
何去，好像弟弟与哥哥。

hái yǒu yí gè xī yáng pài　xìng míng diān dǎo jiào
还有一个西洋派，姓名颠倒叫

jǐ hé
“几何”。

ruò xiàng bā xián cháng qǐng jiào　suī shì bèn rén
若向八贤常请教，虽是笨人

bú huì cuò
不会错。

阅读指导

可爱的“何家兄弟”教小朋友多问为什么。找找生活中的“何”问题（比如：为何树叶会落？），可以玩“提问接龙”培养观察与思考的习惯。

wǒ yào xiàng nǐ yí yàng
我要像你一样

wú chén
无尘

dà shù zhàn zhe yí dòng yě bú dòng tā zhèng zài chén sī
大树站着，一动也不动，他正在沉思。

páng biān de xiǎo shù lā la tā wèn nǐ zài zuò shén me
旁边的小树拉拉他，问："你在做什么？"

dà shù shuō wǒ zài xiě yì shǒu xīn shī sòng gěi xīn lái de sōng shǔ
大树说："我在写一首新诗，送给新来的松鼠。"

nǐ tīng
你听——

sōng shǔ zài zhī tóu tiào ya tiào cóng cǐ dà shù
松鼠在枝头跳呀跳，从此，大树

yǒu le yì kē tiào dòng de xīn
有了一颗跳动的心……

hú dié fēi guò lái wèi dà shù tiào le yì zhī
蝴蝶飞过来，为大树跳了一支

wǔ tíng zài zhī duān jīn nián dà shù kāi chū dì yī
舞，停在枝端。今年，大树开出第一

duǒ huā
朵花……

hóng qīng tíng tíng zài shù shāo shàng jiù xiàng shì
红蜻蜓停在树梢上，就像是

yì méi liàng jīng jīng de fà qiǎ dà shù biàn chéng le měi
一枚亮晶晶的发卡，大树变成了美

lì de xiǎo gū niang
丽的小姑娘……

zuì shén qí de jiù shǔ zhī liǎo le tā
最神奇的就数知了了，他

ràng chén mò bù yǔ de dà shù xué huì le chàng gē
让沉默不语的大树，学会了唱歌……

měi gè xiǎo huǒ bàn dōu kāi xīn jí le tā men zài
每个小伙伴都开心极了，他们在

dà shù shàng cuān shàng cuān xià fēi lái fēi qù
大树上蹿上蹿下，飞来飞去。

yīn wèi měi gè xiǎo dòng wù dōu shōu dào le dà shù
因为每个小动物都收到了大树

de shī
的诗——

yǒu de gài zhe yuán yuán de jīn huáng sè yìn zhāng
有的盖着圆圆的金黄色印章，

yǒu de xiāng zhe jīng yíng tī tòu de lù zhū biānr hái
有的镶着晶莹剔透的露珠边儿，还

yǒu de shì yì duǒ huǒ hóng de huā hái yǒu yí gè
有的是一朵火红的花，还有一个

shì zhuāng mǎn xīng xing de lǜ yáo lán
是装满星星的绿摇篮……

dà shù nǐ zhēn lì hai nǐ zěn me huì yí xià
“大树，你真厉害，你怎么会一下

zi xiě chū zhè me duō shī lái wǒ yào xiàng nǐ yí yàng
子写出这么多诗来，我要像你一样。”

xiǎo shù xiàn mù de shuō
小树羡慕地说。

dāng rán nǐ kěn dìng néng xiàng wǒ yí yàng rú
“当然，你肯定能像我一样，如

guǒ nǐ yě xiàng wǒ yí yàng xǐ huan tā men dà shù zhǎn
果你也像我一样喜欢他们。”大树展

kāi shǒu bì xiǎo dòng wù men zài dà shù lè yuán lǐ wán
开手臂，小动物们在大树乐园里玩

gè bù tíng
个不停。

fàng xué lù shàng

放学路上

fán fā jià

樊发稼

xué xiào lǐ xiǎng qǐ xià kè de líng shēng

学校里，响起下课的铃声；

tiān kōng zhōng chuán lái lóng lóng de léi shēng

天空中，传来隆隆的雷声。

fàng xué le

——放学了。

xià yǔ le

——下雨了。

cóng xiào mén kǒu fēi chū yì zhī zhī cǎi sè de mó gu

从校门口，飞出一只只彩色的蘑菇：

lǜ de mó gu huáng de mó gu lán de mó gu

绿的蘑菇，黄的蘑菇，蓝的蘑菇，

zǐ de mó gu hóng de mó gu

紫的蘑菇，红的蘑菇……

tiān kōng zhōng chuán lái lóng lóng de léi shēng

天空中，传来隆隆的雷声；

xué xiào lǐ xiǎng qǐ xià kè de líng shēng

学校里，响起下课的铃声。

xià yǔ le
——下雨了。

fàng xué le
——放学了。

cóng xiào mén kǒu kāi chū yí cù cù xuàn lì de huā duǒ
从校门口，开出一簇簇绚丽的花朵：

lán de huā duǒ huáng de huā duǒ lǜ de huā duǒ
蓝的花朵，黄的花朵，绿的花朵，

hóng de huā duǒ zǐ de huā duǒ
红的花朵，紫的花朵……

bàn lù shàng yǔ tíng le
半路上，雨停了；

tiān biān yìng chū le càn làn de cǎi hóng
天边，映出了灿烂的彩虹。

yí xià zi mó gu niān le huā duǒ xiè le
——一下子，蘑菇蔫了，花朵谢了，

zhǐ tīng jiàn xiǎo huǒ bàn men huān lè de xiào shēng
只听见小伙伴们欢乐的笑声，

kuài lè de gē shēng
快乐的歌声……

友谊藏宝图

朋友，是口袋里舍不得吃的彩虹糖，
是摔倒时扶住你的小手掌。
你分给我的饼干总是缺个小月牙，
我画的小红花总爱躲在你的书包上。
我们拉钩的手指会唱歌——
找啊找啊，找朋友，
找到一个好朋友，
敬个礼，握握手，
你是我的好朋友！

liǎng tóu xiǎo xiàng

两头小象

cháng ruì

常瑞

liǎng tóu xiǎo xiàng hé biān zǒu

两头小象河边走，

yáng qǐ bí zi gōu yi gōu

扬起鼻子勾一勾，

jiù xiàng yí duì hǎo péng you

就像一对好朋友，

jiàn miàn hù xiāng wò wo shǒu

见面互相握握手。

sān gè xiǎo huǒ bàn
三个小伙伴

hú mù rén
胡木仁

xiǎo yě zhū xiǎo dài shǔ hé xiǎo xiàng yì tóng
小野猪、小袋鼠和小象一同

shàng shān zāi shù
上山栽树。

méi yǒu chú tou wā shù kēng zěn me bàn xiǎo yě zhū
没有锄头挖树坑怎么办？小野猪

shuō bú yào jǐn bú yào jǐn wǒ yǒu yìng yìng de zuǐ
说：“不要紧，不要紧，我有硬硬的嘴

ba bù yí huìr xiǎo yě zhū jiù yòng zuǐ ba gǒng
巴。”不一会儿，小野猪就用嘴巴拱

chū le yí gè shù kēng
出了一个树坑。

méi yǒu luó kuāng yùn féi liào
没有箩筐运肥料

zěn me bàn xiǎo dài shǔ shuō bú
怎么办？小袋鼠说：“不

yào jǐn bú yào jǐn wǒ yǒu yí
要紧，不要紧，我有一

gè pí kǒu dai bù yí huìr xiǎo dài shǔ jiù yòng pí
个皮口袋。”不一会儿，小袋鼠就用皮

kǒu dai yùn lái le yì duī féi liào
口袋运来了一堆肥料。

sān gè xiǎo huǒ bàn bǎ xiǎo shù zāi jìn kēng lǐ shī
三个小伙伴把小树栽进坑里，施

shàng féi liào péi shàng ní tǔ
上肥料，培上泥土。

méi yǒu shuǐ tǒng jiāo shuǐ zěn me bàn xiǎo xiàng shuō
没有水桶浇水怎么办？小象说：

bú yào jǐn bú yào jǐn wǒ yǒu cháng cháng de bí
“不要紧，不要紧，我有长长的鼻

zi xiǎo xiàng pǎo dào xiǎo hé biān yòng cháng bí zi
子。”小象跑到小河边，用长鼻子

xī zú le shuǐ bǎ shù kēng jiāo de shī shī de
吸足了水，把树坑浇得湿湿的。

xiǎo shù zāi hǎo la sān gè xiǎo huǒ bàn shǒu lā
小树栽好啦！三个小伙伴手拉

zhe shǒu wéi zhe xiǎo shù yòu tiào yòu xiào
着手，围着小树又跳又笑。

阅读感悟

每个人都有自己的优点，我们要发挥自己的长处，与小伙伴密切合作，才能把事情做好。

luó bo huí lái le

萝卜回来了

fāng yì qún

方铁群

xuě zhè me dà tiān qì zhè me lěng dì lǐ
雪这么大，天气这么冷，地里、
shān shàng dōu gài mǎn le xuě xiǎo bái tù méi yǒu dōng
山上都盖满了雪。小白兔没有东
xi chī le è de hěn tā pǎo chū mén qù zhǎo xiǎo
西吃了，饿得很，他跑出门去找。小
bái tù yì biān zhǎo yì biān xiǎng xuě zhè me dà tiān
白兔一边找一边想：雪这么大，天
qì zhè me lěng xiǎo hóu zài jiā lǐ
气这么冷，小猴在家里，
yí dìng yě hěn è wǒ zhǎo dào le
一定也很饿。我找到了
dōng xi qù hé tā yì qǐ chī
东西，去和他一起吃。

xiǎo bái tù bā kāi xuě hēi
小白兔扒开雪，嘿，

xuě dǐ xià yǒu liǎng gēn luó bo tā duō gāo xìng ya
雪底下有两根萝卜。他多高兴呀！

xiǎo bái tù bào zhe luó bo pǎo dào xiǎo hóu jiā
小白兔抱着萝卜，跑到小猴家，

qiāo qiao mén méi rén dā ying xiǎo bái tù bǎ mén tuī
敲敲门，没人答应。小白兔把门推

kāi wū zi lǐ yí gè rén yě méi yǒu yuán lái xiǎo hóu
开，屋子里一个人也没有。原来小猴

bú zài jiā yě qù zhǎo dōng xi chī le
不在家，也去找东西吃了。

xiǎo bái tù jiù chī diào le xiǎo luó bo bǎ dà luó
小白兔就吃掉了小萝卜，把大萝

bo fàng zài zhuō zi shàng
卜放在桌子上。

zhè shí hou xiǎo hóu zài xuě dì lǐ zhǎo ya zhǎo
这时候，小猴在雪地里找呀找，
tā yì biān zhǎo yì biān xiǎng xuě zhè me dà tiān qì zhè
他一边找一边想：雪这么大，天气这
me lěng xiǎo lù zài jiā lǐ yí dìng yě hěn è wǒ
么冷，小鹿在家里，一定也很饿。我
zhǎo dào le dōng xi qù hé tā yì qǐ chī
找到了东西，去和他一起吃。

xiǎo hóu bā kāi xuě hēi xuě dǐ xià yǒu xǔ duō
小猴扒开雪，嘿，雪底下有许多
huā shēng tā duō gāo xìng ya
花生。他多高兴呀！

xiǎo hóu dài zhe huā shēng xiàng xiǎo lù jiā pǎo qù
小猴带着花生，向小鹿家跑去，
jīng guò zì jǐ de jiā kàn jiàn mén kāi zhe tā xiǎng
经过自己的家，看见门开着。他想：
shuí lái guo la
谁来过啦？

tā zǒu jìn wū zi kàn jiàn luó bo hěn qí guài
他走进屋子，看见萝卜，很奇怪，
shuō zhè shì cóng nǎr lái de tā xiǎng le xiǎng
说：“这是从哪儿来的？”他想了想，
zhī dào shì hǎo péng you sòng lái gěi tā chī de jiù shuō
知道是好朋友送来给他吃的，就说：

bǎ luó bo yě dài qù hé xiǎo lù yì qǐ chī
“把萝卜也带去，和小鹿一起吃！”

xiǎo hóu pǎo dào xiǎo lù jiā mén guān de jǐn jǐn
小猴跑到小鹿家，门关得紧紧
de tā tiào shàng chuāng tái yí kàn wū zi lǐ yí
的。他跳上窗台一看，屋子里一
gè rén yě méi yǒu yuán lái xiǎo lù bú zài jiā yě qù
个人也没有。原来小鹿不在家，也去
zhǎo dōng xi chī le
找东西吃了。

xiǎo hóu jiù bǎ luó bo fàng zài chuāng tái shàng
小猴就把萝卜放在窗台上。

zhè shí hou xiǎo lù zài xuě dì lǐ zhǎo ya zhǎo
这时候，小鹿在雪地里找呀找，

tā yì biān zhǎo yì biān xiǎng xuě zhè me dà tiān qì zhè
他一边找一边想：雪这么大，天气这

me lěng xiǎo xióng zài jiā lǐ yí dìng yě hěn è wǒ
么冷，小熊在家里，一定也很饿。我

zhǎo dào le dōng xi qù hé tā yì qǐ chī
找到了东西，去和他一起吃。

xiǎo lù bā kāi xuě hēi xuě dǐ xià yǒu yì kē
小鹿扒开雪，嘿，雪底下有一棵

qīng cài tā duō gāo xìng ya
青菜。他多高兴呀！

xiǎo lù tí zhe qīng cài xiàng xiǎo xióng jiā pǎo qù
小鹿提着青菜，向小熊家跑去，

pǎo guò zì jǐ de jiā kàn jiàn xuě dì shàng yǒu xǔ duō jiǎo
跑过自己的家，看见雪地上有许多脚

yìn tā xiǎng shuí lái guo la
印，他想：谁来过啦？

tā zǒu jìn wū zi kàn jiàn chuāng tái shàng yǒu
他走进屋子，看见窗台上有
gēn luó bo hěn qí guài shuō zhè shì cóng nǎr lái
根萝卜，很奇怪，说："这是从哪儿来
de tā xiǎng le xiǎng zhī dào shì hǎo péng you sòng lái
的？"他想了想，知道是好朋友送来
gěi tā chī de jiù shuō bǎ luó bo yě dài qù hé
给他吃的，就说："把萝卜也带去，和
xiǎo xióng yì qǐ chī
小熊一起吃！"

xiǎo lù pǎo dào xiǎo xióng jiā yí kàn dà mén suǒ
小鹿跑到小熊家一看，大门锁
zhe wū zi lǐ méi yǒu rén yuán lái xiǎo xióng bú zài
着。屋子里没有人。原来小熊不在
jiā yě qù zhǎo dōng xi chī le
家，也去找东西吃了。

xiǎo lù jiù bǎ luó bo fàng zài mén kǒu
小鹿就把萝卜放在门口。

zhè shí hou xiǎo xióng zài xuě dì lǐ zhǎo ya zhǎo
这时候，小熊在雪地里找呀找，
tā yì biān zhǎo yì biān xiǎng xuě zhè me dà tiān qì
他一边找一边想：雪这么大，天气
zhè me lěng xiǎo bái tù zài jiā lǐ yí dìng yě hěn è
这么冷，小白兔在家里，一定也很饿。

wǒ zhǎo dào le dōng xi qù hé tā yì qǐ chī
我找到了东西，去和他一起吃。

xiǎo xióng bā kāi xuě hēi xuě dǐ xià yǒu yí gè
小熊扒开雪，嘿，雪底下有一个

bái shǔ tā duō gāo xìng ya
白薯。他多高兴呀！

xiǎo xióng ná zhe bái shǔ xiàng xiǎo bái tù jiā pǎo
小熊拿着白薯，向小白兔家跑

qù pǎo guò zì jǐ de jiā kàn jiàn mén kǒu yǒu gēn luó
去，跑过自己的家，看见门口有根萝

bo tā hěn qí guài shuō zhè shì cóng nǎr lái de
卜，他很奇怪，说：“这是从哪儿来的？”

tā xiǎng le xiǎng zhī dào shì
他想了想，知道是

hǎo péng you sòng lái gěi tā chī
好朋友送来给他吃

de jiù shuō bǎ luó bo
的，就说：“把萝卜

yě dài qù hé xiǎo bái tù
也带去，和小白兔

yì qǐ chī
一起吃！”

xiǎo xióng pǎo dào xiǎo bái tù jiā qīng qīng tuī
小熊跑到小白兔家，轻轻推

kāi mén zhè shí hou xiǎo bái tù chī bǎo le shuì de
开门。这时候，小白兔吃饱了，睡得

zhèng tián li xiǎo xióng bú yuàn chǎo xǐng tā bǎ luó
正甜哩。小熊不愿吵醒他，把萝

bo qīng qīng fàng zài xiǎo bái tù de chuáng biān
卜轻轻放在小白兔的床边。

xiǎo bái tù xǐng lái zhēng kāi yǎn jing yí kàn
小白兔醒来，睁开眼睛一看：

yí luó bo huí lái le tā xiǎng le xiǎng shuō
“咦！萝卜回来了！”他想了想说：

wǒ zhī dào le shì hǎo péng you
“我知道了，是好朋友！”

péng　you
朋 友

qián wàn chéng
钱 万 成

péng you bú shì rén hé yǐng zi
朋友不是人和影子，
yí gè zǒng shì yào zuò lìng yí gè de suí cóng
一个总是要做另一个的随从。
péng you bú shì liǎng zhī xié zi
朋友不是两只鞋子，
yì zhī pò le lìng yì zhī yě huì chū dòng
一只破了另一只也会出洞。

péng you shì yì qún xiǎo mǎ
朋友是一群小马，
fàng kāi sì tí jiù xiǎng jiào yi jiào jiǎo lì
放开四蹄，就想较一较脚力。
péng you shì yí piàn sēn lín
朋友是一片森林，
qí xīn hé lì jiù néng gòu dǐ dǎng fēng yǔ
齐心合力，就能够抵挡风雨。

péngyou shì liǎng miàn jìng zi
朋友是两面镜子，

zhàn zài yì qǐ shuí yě bù yǐn mán shuí de quē diǎn
站在一起，谁也不隐瞒谁的缺点。

péngyou shì liǎng kē xīng xing
朋友是两颗星星，

xiāng xié xiāng bàn yǒng yuǎn tǎn dàng yǒng yuǎn zhēn chéng
相携相伴，永远坦荡，永远真诚。

chí táng biān de jiào shēng

池塘边的叫声

yóu zì

游 自

xiǎo yú zài chí táng lǐ yù dào le qīng wā

小鱼在池塘里遇到了青蛙，

jiù shàng qián dǎ zhāo hu qīng wā dà gē nǐ hǎo

就上前打招呼：“青蛙大哥，你好！

nǐ zài gàn shén me qīng wā shuō wǒ zài àn shàng wán

你在干什么？”青蛙说：“我在岸上玩

le bàn tiān tài rè le lái xǐ gè zǎo

了半天，太热了，来洗个澡。”

xiǎo yú hào qí de wèn àn shàng shén me yàng

小鱼好奇地问：“岸上什么样？

wǒ cóng lái méi qù guo

我从来没去过。”

qīng wā de dà yǎn jing zhuàn le yí xià shuō

青蛙的大眼睛转了一下，说：

nà hǎo bàn nǐ pā zài wǒ de bèi shàng wǒ bēi zhe nǐ

“那好办。你趴在我的背上，我背着你

qù kàn kan

去看看。”

xiǎo yú lián lián bǎi zhe wěi ba shuō bù xíng
小鱼连连摆着尾巴，说：“不行，
lí kāi shuǐ wǒ huì gān sǐ de
离开水我会干死的！”

qīng wā de dà yǎn jing zhuàn le liǎng xià shuō
青蛙的大眼睛转了两下，说：
yǒu bàn fǎ le měi tiān bàng wǎn wǒ dào chí táng biān
“有办法了！每天傍晚，我到池塘边
lái gěi nǐ jiǎng jiang àn shàng de gù shi
来，给你讲讲岸上的故事。”

xiǎo yú gāo xìng de yóu dào qīng wā shēn biān qīn le
小鱼高兴地游到青蛙身边，亲了
qīn tā shuō tài hǎo le xiè xie nǐ la
亲他，说：“太好了！谢谢你啦！”

cóng cǐ měi tiān bàng wǎn chí táng biān jiù xiǎng
从此，每天傍晚，池塘边就响
qǐ guā guā de jiào shēng nà shì qīng wā zài gěi xiǎo yú jiǎng
起呱呱的叫声，那是青蛙在给小鱼讲
àn shàng de gù shi ne
岸上的故事呢。

sōng shù hé qīng téng

松树和青藤

dù guāng tíng
杜光庭

shān gāng shàng zhǎng zhe yí piàn xiǎo shù lín
山冈上，长着一片小树林。

yì tiān qīng zǎo xiǎo sōng shù gāo xìng de duì huǒ
一天清早，小松树高兴地对伙
bàn men shuō à wǒ kàn dào dà hǎi le wǒ kàn dào
伴们说：“啊，我看到大海了，我看到
chū shēng de tài yáng le
初升的太阳了！”

xiǎo sōng shù shēn biān de xiǎo shān shù diǎn qǐ jiǎo
小松树身边的小杉树踮起脚
gēn rāng rang zhe kàn dào le kàn dào le yǒu
跟，嚷嚷着：“看到了，看到了！有
fēi xiáng de hǎi ōu fān gǔn de bō tāo hái yǒu diǎn diǎn
飞翔的海鸥，翻滚的波涛，还有点点
bái fān
白帆……”

shān shù gē ge qǐng nín fú wǒ yì bǎ ràng
“杉树哥哥，请您扶我一把，让

wǒ kàn yì yǎn měi lì de dà hǎi yí gè wēi ruò de
我看一眼美丽的大海。”一个微弱的
shēng yīn cóng dì miàn shàng chuán lái
声音，从地面上传来。

xiǎo shān shù dī tóu yí kàn yuán lái shì yì gēn yòu
小杉树低头一看，原来是一根幼
xiǎo de qīng téng xiǎo shān shù bú nài fán de shuō āi
小的青藤。小杉树不耐烦地说：“哎
yā nǐ zhè me shòu xiǎo zhàn dōu zhàn bù wěn yě
呀，你这么瘦小，站都站不稳，也
xiǎng kàn dà hǎi
想看大海？”

kàn zhe xiǎo qīng téng nán guò de yàng zi xiǎo sōng
看着小青藤难过的样子，小松

shù fǔ shēn duì qīng téng shuō lái ya xiǎo qīng téng
树俯身对青藤说：“来呀，小青藤，

nǐ jiù shùn zhe wǒ de shēn zi pá shàng lái ba
你就顺着我的身子爬上来吧！”

xiǎo qīng téng gāo xìng jí le tā shǐ jìn wǎng shàng
小青藤高兴极了，他使劲往上

yì cuān pān zhù le xiǎo sōng shù de yāo bú duàn de
一蹿，攀住了小松树的腰，不断地

xiàng shàng pá ya pá zhōng yú zài yí gè míng mèi de
向上爬呀爬。终于，在一个明媚的

qīng chén xiǎo qīng téng yě xìng gāo cǎi liè de rǎng kāi le
清晨，小青藤也兴高采烈地嚷开了：

à tài měi le wǒ kàn dào le liáo kuò de dà hǎi
“啊，太美了，我看到了辽阔的大海，

lǜ sè de dǎo yǔ hái yǒu háng chuán shàng piāo yáng de
绿色的岛屿，还有航船上飘扬的

qí zhì
旗帜……”

qīng téng hé xiǎo sōng shù rè liè de yōng bào zhe
青藤和小松树热烈地拥抱着，

xiǎo shān shù cán kuì de dī xià le tóu
小杉树惭愧地低下了头。

阅读感悟

小松树帮助小青藤看到了大海，小青藤和小松树都特别开心，这让小杉树感到惭愧。在自己力所能及的范围内，去帮助需要帮助的人，会收获帮助别人的快乐。

版权声明

快乐读书吧
系列丛书

和大人一起读 3

肖维玲 主编

山东大学出版社
SHANDONG UNIVERSITY PRESS
·济南·

图书在版编目（CIP）数据

和大人一起读．3 / 肖维玲主编．-- 济南 ：山东大学出版社，2025. 6. --（快乐读书吧系列丛书 / 肖维玲主编）. -- ISBN 978-7-5607-8856-2

Ⅰ．G624.233

中国国家版本馆 CIP 数据核字第 20250C4L37 号

责任编辑 孙艳凤
文案编辑 李 建
封面设计 李文静

和大人一起读 3
HE DAREN YIQI DU 3

出版发行 山东大学出版社
社　　址 山东省济南市山大南路 20 号
邮政编码 250100
发行热线 (0531)88363008
经　　销 新华书店
印　　刷 天津联城印刷有限公司
规　　格 710 毫米 ×1000 毫米 1/16
　　　　 16.5 印张 317 千字
版　　次 2025 年 6 月第 1 版
印　　次 2025 年 6 月第 1 次印刷
定　　价 78.00 元（全四册）

目录

在书页间旅行

小小少年

在启迪中成长

在书页间旅行

我推开了通往书籍森林的大门，
轻轻翻阅，
便听古人穿越时空为我娓娓道来；
我迫不及待地坐上了文字的小火车，
稍一拐弯，
便有中外奇景展现在眼前。
书中的每一页，都是神奇的站台，
带我去最有趣的地方。

ài dú shū de xiǎo wō niú

爱读书的小蜗牛

lín huàn zhāng

林焕彰

ài dú shū de xiǎo wō niú

爱读书的小蜗牛，

pá shàng yì dǔ gǔ qiáng

爬上一堵古墙，

yǐ wéi zhǎo dào le yì běn hǎo shū

以为找到了一本好书，

tā yào yí zì yí zì de dú

他要一字一字地读，

suǒ yǐ

所以，

yì tiān yí yè

一天一夜，

tā cái dú le yì háng shī

他才读了一行诗。

jìng tīng
静 听

gē ge jiǎng gù shi
哥哥讲故事，

mèi mei jìng qiāo qiāo
妹妹静悄悄，

yì biān cè zhe ěr duo tīng
一边侧着耳朵听，

yì biān zhēng zhe yǎn jing qiáo
一边睁着眼睛瞧，

zhè shí hou
这时候，

mù mǎ bù pǎo
木马不跑，

tǔ jī bú jiào
土鸡不叫，

wán ǒu bú nào
玩偶不闹，

tā men wèi shén me bù pǎo bú jiào yě bú nào
他们为什么不跑、不叫也不闹？

yuán lái shì dà jiā tīng dāi le
原来是大家听呆了。

dú shū de kuài lè

读书的快乐

fǎ guó yǎ kè xià ěr páng tè
[法国]雅克·夏尔庞特

dù huì líng hēi mǎ yì
杜惠玲 黑马 译

cóng qián yǒu gè xiǎo xiǎo de shǒu zhǐ tou tā zài
从前有个小小的手指头，它在
shū de sēn lín lǐ yán zhe yì tiáo tiáo zì jù de xiǎo lù
书的森林里，沿着一条条字句的小路
zǒu a zǒu
走啊走。

zhè ge xiǎo xiǎo de shǒu zhǐ tou tā shì yí gè nán
这个小小的手指头，它是一个男
háir de hái shi yí gè nǚ háir de méi yǒu rén zhī
孩儿的，还是一个女孩儿的？没有人知
dào tā bù tíng de zǒu a zǒu dào chù pèng shàng hǎo
道。它不停地走啊走，到处碰上好
péng you
朋友。

yí zì zì yì háng háng yí duàn duàn yí
一字字，一行行，一段段，一

yè yè tā zǒu a zǒu zhí dào shū lín de zhōng xīn
页页，它走啊走，直到书林的中心。

yí lù jiāo le yuè lái yuè duō de péng you dà jiā dōu zǒu
一路交了越来越多的朋友，大家都走

tóng yì tiáo lù yí piàn shù yè yòu yí piàn shù yè
同一条路。一片树叶，又一片树叶；

yí gè péng you yòu yí gè péng you yì kē xiǎo cǎo
一个朋友，又一个朋友；一棵小草，

yì lǚ huā xiāng yí piàn kāi mǎn xiān huā de cǎo dì yǎn
一缕花香，一片开满鲜花的草地，眼

qián de dà sēn lín yuè lái yuè měi lì
前的大森林越来越美丽。

lín dì zhōng yāng shēng zhǎng zhe zuì dà de yì kē
林地中央生长着最大的一棵

shù zuì gāo de yì gēn shù zhī shàng zhàn zhe shū niǎo
树，最高的一根树枝上站着“书鸟”，

yí kàn dào zhè xiǎo shǒu zhǐ tou tā jiù lì jí liàng qǐ
一看到这小手指头，它就立即亮起

gē hóu
歌喉：

qīng chén xù rì dōng shēng wǒ yào fàng shēng
清晨旭日东升，我要放声

gē chàng zhè shì shēng huó de hǎo shí guāng
歌唱，这是生活的好时光；

zhōng wǔ yáng guāng càn làn wǒ yào fàng shēng
中午阳光灿烂，我要放声

gē chàng zhè hái shi shēng huó de hǎo shí guāng
歌唱，这还是生活的好时光；

huáng hūn xī yáng xī xià wǒ yào fàng shēng gē
黄昏夕阳西下，我要放声歌

chàng zhè yǒng yuǎn shì shēng huó de hǎo shí guāng
唱，这永远是生活的好时光；

yè wǎn qún xīng shǎn shuò wǒ zài nǐ de mèng xiāng
夜晚群星闪烁，我在你的梦乡

lǐ gē chàng gē chàng nǐ hé péng you de huān lè
里歌唱，歌唱你和朋友的欢乐。

zhè shì zì yóu zì yóu zì yóu de hǎo shí guāng
这是自由、自由、自由的好时光！

shēng mìng de dà shū jiù zhè yàng xiě chéng tīng
生命的大书就这样写成，听

wǒ de zǎo diǎnr dú tā ba kuài lè de shū kuài
我的，早点儿读它吧，快乐的书，快

lè de shū
乐的书。

shān qīng qīng
山青青

wáng qīng xiù
王 清 秀

shān qīng qīng
山 青 青，

shuǐ qīng qīng
水 青 青，

niǎo ér míng jiào yì shēng shēng
鸟 儿 鸣 叫 一 声 声。

shù qīng qīng
树 青 青，

cǎo qīng qīng
草 青 青，

shān huā duǒ duǒ xiào yíng yíng
山 花 朵 朵 笑 盈 盈。

miáo qīng qīng
苗 青 青，

tián qīng qīng
田 青 青，

chūn fēng chūn yǔ lǜ méng méng
春 风 春 雨 绿 蒙 蒙。

阅读指导

这首儿歌描绘了青山绿水、鸟语花香的大自然美景。小朋友们想一想：这些美景还可以怎么描写呢？

tiān huǒ gē

添“火”歌

fù shùn lì

傅顺利

tǔ zì tiān huǒ lěi chéng zào

土字添火垒成“灶”，

yáo zì tiān huǒ bǎ fàn shāo

尧字添火把饭“烧”，

yīn zì tiān huǒ chuī yān qǐ

因字添火炊“烟”起，

shǎo zì tiān huǒ chǎo cài yáo

少字添火“炒”菜肴，

yè zì tiān huǒ ài fán nǎo

页字添火爱“烦”恼，

bāo zì tiān huǒ fàng biān pào

包字添火放鞭“炮”，

hù zì tiān huǒ lú huǒ wàng

户字添火“炉”火旺，

gè zì tiān huǒ bǎ bǐng lào

各字添火把饼“烙”。

烧
炮
灶

zhǎng mǎn shū de dà shù

长满书的大树

dé guó yè lā lái pǔ màn
［德国］叶拉·莱普曼

dù huì líng hēi mǎ yì
杜惠玲 黑马 译

yǒu yì tiān kè luó dì yà shǒu jǔ yì běn huà cè
有一天克罗蒂娅手举一本画册

wèn wǒ shū cóng nǎr lái tā men shì cóng
问我：“书从哪儿来？它们是从

shù shàng zhǎng chū lái de ma
树上长出来的吗？”

zài zhè ge rén lèi chéng zuò yǔ zhòu fēi chuán
在这个人类乘坐宇宙飞船

fēi xiàng yuè qiú de shí dài wǒ gāi zěn me huí dá zhè
飞向月球的时代，我该怎么回答这

wèi xiǎo gū niang ne wǒ zhǐ hǎo duì tā shuō jǐ
位小姑娘呢？我只好对她说：“几

qiān nián qián yǒu yì zhǒng zhí wù jiào zhǐ suō cǎo rén
千年前，有一种植物叫纸莎草，人

men yòng tā lái zuò chéng piàn pian zài piàn pian shàng xiě
们用它来做成片片，在片片上写

zì nǐ míng bai ma tā bú shì shù ér shì yì
字。你明白吗？它不是树，而是一

zhǒng guàn mù dāng rán zhè wèi xiǎo gū niang shuō de
种灌木！”当然，这位小姑娘说的

gēn wǒ shuō de chà bú tài duō
跟我说的差不太多。

wǒ jiē zhe shuō nà yǐ hòu bù jiǔ zhōng guó
我接着说：“那以后不久，中国

rén fā míng le zào zhǐ shù suí zhe jì shù de fā zhǎn
人发明了造纸术。随着技术的发展，

rú jīn yǒu le zào zhǐ hé yìn shuā de guài jī qì tā
如今有了造纸和印刷的怪机器，它

men shén me dōu néng gàn bú guò wǒ zǒng yǒu diǎnr
们什么都能干。不过，我总有点儿

hài pà zhè xiē lóng lóng zuò xiǎng de jī qì jué de tā
害怕这些隆隆作响的机器，觉得它

men xiàng guài wu
们像怪物。”

kě zhè wèi xiǎo gū niang hái shi bú xìn wǒ
可这位小姑娘还是不信。“我
jué de shū jiù shì zhǎng zài shù shàng de tā pāi
觉得书就是长在树上的！”她拍
zhe shǒu shuō tā yǐ wéi shū jiù xiàng hóng yīng táo
着手说。她以为书就像红樱桃、
huáng jú zi hé hè sè de lì zi yí yàng shì zhǎng zài
黄橘子和褐色的栗子一样，是长在
shù zhī shàng de yǒu dà yǒu xiǎo yǒu cū cāo de
树枝上的，有大有小，有粗糙的，
yǒu guāng huá de zhǐ yào yì shēn shǒu jiù kě yǐ zhāi
有光滑的，只要一伸手就可以摘
xià lái
下来。

xiǎo huà cè zhǎng zài zuì ǎi de shù zhī shàng
“小画册长在最矮的树枝上，”

kè luó dì yà shuō xiǎo háir yì shēn shǒu jiù néng gòu
克罗蒂娅说，“小孩儿一伸手就能够

dào tā men duō shén qí ya xiǎo háir yuè zhǎng yuè
到它们。多神奇呀！小孩儿越长越

gāo tā men de shū yě suí zhe shù zhǎng gāo hái
高，他们的书也随着树长高，孩

zi men de gē bei biàn cháng le kě yǐ gòu de gèng
子们的胳臂变长了，可以够得更

gāo le
高了。”

tā men hái kě yǐ pá shù pá dào zuì gāo de
“他们还可以爬树，爬到最高的

zhī shàng ne wǒ shuō
枝上呢。”我说。

tā men hái kě yǐ zuò zhe qiū qiān dàng dào
“他们还可以坐着秋千荡到

shù shàng qù ne kè luó dì yà wán pí de shuō
树上去呢。”克罗蒂娅顽皮地说。

bié wàng le zhī hǎo tī zi wǒ tí xǐng
“别忘了支好梯子，”我提醒

tā nòng bù hǎo huì diào xià lái de shǒu lǐ ná zhe
她，“弄不好会掉下来的，手里拿着

yì běn tài chén de shū gèng róng yì shuāi xià lái
一本太沉的书更容易摔下来。”

kě shì kè luó dì yà fǎn bó wǒ shuō rén
可是克罗蒂娅反驳我说：“人

yǒng yuǎn bú huì cóng zhǎng shū de shù shàng shuāi xià lái
永远不会从长书的树上摔下来，

nà xiē shù hěn dǒng shì huì zhào kàn rén de
那些树很懂事，会照看人的。”

wǒ dí què cóng kè luó dì yà nà lǐ xué dào
我的确从克罗蒂娅那里学到

le xǔ duō dōng xi kě wǒ hái shi yào gào su tā
了许多东西。可我还是要告诉她：

shù shàng bú huì zhǎng shū wǒ cóng lái méi jiàn guo zhè
“树上不会长书，我从来没见过这

yàng de shù shì shàng nǎr yě méi yǒu shū bú shì
样的树，世上哪儿也没有。书不是

cóng shù shàng zhǎng chū lái de tā shì cóng shī rén hé
从树上长出来的，它是从诗人和

zuò jiā de tóu nǎo lǐ zhǎng chū lái de tā men yào zuò
作家的头脑里长出来的，他们要做

de shì jiù shì xiě shū tā men yòng máo bǐ qiān bǐ
的事就是写书！他们用毛笔、铅笔、

gāng bǐ huò dǎ zì jī jì xià tā men tóu nǎo zhōng de tú
钢笔或打字机记下他们头脑中的图

huà huò xiǎng shuō de huà rán hòu bǎ zhè xiē shǒu gǎo sòng
画或想说的话，然后把这些手稿送

dào chū bǎn shè qù cóng nàr zài sòng dào yìn shuā chǎng
到出版社去，从那儿再送到印刷厂，

zuì hòu dào shū diàn zhè jiù shì shū
最后到书店。这就是书。”

小小少年

小小少年眨眨眼，
像株好奇的小树苗，
课上遨游知识的海洋，
放学操场撒欢跑，
快来一起——
画一个大大的梦，
搭起通往美好生活的魔法桥。

zhòng shù gē

种树歌

xiǎo shān xià kòng cháng shàng dà jiā zhòng shù shí fēn máng

小山下，空场上，大家种树十分忙。

yì kē kē yì háng háng zhòng táo zhòng lǐ zhòng chá sāng

一棵棵，一行行，种桃种李种茶桑。

chūn kàn huā xià chéng liáng jiē le tián guǒ yì tóng cháng

春看花，夏乘凉，结了甜果一同尝。

qīng shān qīng lǜ shuǐ cháng zǔ guó shān hé jì xīn shàng

青山青，绿水长，祖国山河记心上。

xiǎo xiǎo yí lì mǐ
小小一粒米

dài zhāng
岱 章

xiǎo yāng miáo diǎn jiǎo jiān
小秧苗，踮脚尖，

chūn fēng yáo yao lǜ qún biān
春风摇摇绿裙边，

yǔ diǎn shā shā lái jiā yóu
雨点沙沙来加油，

dào huā qiāo qiāo lù xiào liǎn
稻花悄悄露笑脸。

xiǎo dào suì xiào mī mī
小稻穗，笑眯眯，

hàn zhū luò jìn ní tǔ lǐ
汗珠落进泥土里，

jīn tǎn pū mǎn shài gǔ cháng
金毯铺满晒谷场，

shí niǎn zhuàn chū lì lì mǐ
石碾转出粒粒米。

xiǎo cí wǎn liàng jīng jīng
小瓷碗，亮晶晶。

chú fáng biàn chéng xiāng tiān dì
厨房变成香天地，

yí lì mǐ ya zǒu sì jì
一粒米呀走四季，

jiào wǒ zhēn xī bié wàng jì
教我珍惜别忘记。

léi fēng rì jì jié xuǎn
雷锋日记（节选）

léi fēng
雷 锋

rú guǒ nǐ shì yì dī shuǐ nǐ shì fǒu zī rùn le yí cùn tǔ dì
如果你是一滴水，你是否滋润了一寸土地？

rú guǒ nǐ shì yí xiàn yáng guāng nǐ shì fǒu zhào liàng le yì fēn hēi àn
如果你是一线阳光，你是否照亮了一分黑暗？

rú guǒ nǐ shì yì kē liáng shi nǐ shì fǒu bǔ yù le yǒu yòng de shēng mìng
如果你是一颗粮食，你是否哺育了有用的生命？

rú guǒ nǐ shì yì kē zuì xiǎo de luó sī
如果你是一颗最小的螺丝

dīng nǐ shì fǒu yǒng yuǎn jiān shǒu zài nǐ shēng huó
钉，你是否永远坚守在你生活

de gǎng wèi shàng
的岗位上？

zuì měi de hé zuì chǒu de
最美的和最丑的

sū lián sū huò mǔ lín sī jī
[苏联]苏霍姆林斯基

ān dé liè yì
安德烈 译

xué xiào lǐ bù zhì le yì piān zuò wén tí mù jiào
学校里布置了一篇作文，题目叫
nǐ suǒ rèn wéi de zuì měi de hé zuì chǒu de nán
“你所认为的最美的和最丑的”。男
hái xiǎng le hěn jiǔ hěn jiǔ dàn hái shi xiǎng bù chū lái
孩想了很久很久，但还是想不出来
shén me shì shì jiè shàng zuì měi de hé zuì chǒu de tā jué
什么是世界上最美的和最丑的。他觉
de zuì měi de yīng gāi shì dīng xiāng huā ér zuì chǒu de
得最美的应该是丁香花，而最丑的

hǎo xiàng shì lài há ma
好像是癞蛤蟆。

yú shì tā jiù qù wèn yé ye shì bú shì
于是，他就去问爷爷：是不是

zhè yàng de yé ye huí dá tā bù bú shì zhè
这样的？爷爷回答他：不，不是这

yàng de
样的。

zuì měi de yé ye shuō shì rén lèi de
“最美的，”爷爷说，“是人类的

láo dòng ér zuì chǒu de zé shì làng fèi rén lèi de láo
劳动；而最丑的，则是浪费人类的劳

dòng nǐ qù tián yě lǐ guān chá jǐ tiān jiù huì yǒu suǒ
动。你去田野里观察几天，就会有所

shōu huò de
收获的。”

xiǎo nán hái zǒu guò nóng tián kàn dào tián yě lǐ
小男孩走过农田，看到田野里

yí piàn jīn huáng de mài làng
一片金黄的麦浪。

zhè yīng gāi shì zuì měi de nán hái xiǎng
“这应该是最美的，”男孩想，

yīn wèi zhè shì rén lèi xīn qín láo dòng de chéng guǒ
“因为这是人类辛勤劳动的成果。”

tā jì xù wǎng xué xiào zǒu qù hái zi men zài
他继续往学校走去。孩子们在

bēn pǎo zài xī xì yí gè xiǎo nǚ háir bǎ méi chī
奔跑，在嬉戏。一个小女孩儿把没吃

wán de yí kuài miàn bāo rēng zài dì shàng pǎo qù zhǎo huǒ
完的一块面包扔在地上，跑去找伙

bàn men wán
伴们玩。

zhè shì zuì chǒu de nán hái shuō yīn

“这是最丑的，”男孩说，“因

wèi tā làng fèi le rén lèi de láo dòng

为她浪费了人类的劳动。”

quán shì jiè dōu zài duì wǒ wēi xiào
全世界都在对我微笑

hóng jiàn quán
洪建全

jīn tiān wǒ tōu tōu zuò le yí jiàn shì
今天，我偷偷做了一件事，

yú shì quán shì jiè tū rán duì wǒ wēi xiào qǐ lái
于是，全世界突然对我微笑起来。

lǜ shù duì wǒ zhāo shǒu
绿树对我招手，

huā ér duì wǒ jǐ yǎn
花儿对我挤眼，

niǎo ér zài zhī tóu zhā zhā jiào
鸟儿在枝头喳喳叫，

xiǎo cǎo men wān yāo qí shēng wèn wǒ hǎo
小草们弯腰齐声问我好。

ér wǒ zhǐ bú guò àn àn xià le jué xīn
而我只不过暗暗下了决心：

cóng jīn yào zuò gè hǎo hái zi
从今要做个好孩子。

jiù zhè yàng tū rán jiān
就这样，突然间，

quán shì jiè dōu zài duì wǒ wēi xiào
全世界都在对我微笑。

huà tài yáng
画太阳

zhāng chūn míng
张 春 明

shān lǐ de hái zi huà tài yáng
山里的孩子画太阳，

zǒng ài bǎ shān yīng huà shàng
总爱把山鹰画上；

hǎi biān de hái zi huà tài yáng
海边的孩子画太阳，

zǒng ài bǎ hǎi yàn huà shàng
总爱把海燕画上。

huà tài yáng a huà tài yáng
画太阳啊画太阳，

huà chū le xīn zhōng de xiàng wǎng
画出了心中的向往。

chéng lǐ de hái zi huà tài yáng
城里的孩子画太阳，

zǒng ài bǎ gē zi huà shàng
总爱把鸽子画上；

cǎo yuán de hái zi huà tài yáng
草原的孩子画太阳，

zǒng ài bǎ jùn mǎ huà shàng
总爱把骏马画上。

huà tài yáng a huà tài yáng
画太阳啊画太阳，

huà chū le měi hǎo de lǐ xiǎng
画出了美好的理想。

wǒ men ài zì jǐ de zǔ guó

我们爱自己的祖国

xiǎo bái é shuō zǔ guó yǒu qīng qīng de xiǎo hé
小白鹅说："祖国有清清的小河。"

xiǎo shān yáng shuō zǔ guó yǒu zhǎng mǎn qīng cǎo de shān pō
小山羊说："祖国有长满青草的山坡。"

xiǎo yàn zi shuō zǔ guó yǒu wēn nuǎn de ní wō
小燕子说："祖国有温暖的泥窝。"

xiǎo mì fēng shuō zǔ guó yǒu tián tián de huā duǒ
小蜜蜂说："祖国有甜甜的花朵。"

xiǎo péng you shuō zǔ guó dì dà wù chǎn duō
小朋友说："祖国地大物产多，
wǒ men de shēng huó xìng fú kuài lè
我们的生活幸福快乐！"

在启迪中成长

愚公不屈的信念，
如山川般硬朗；
精卫如钢的意志，
把天地震荡。
勇气在心间，
蓬勃生长；
故事里的智慧，
启迪我们茁壮成长。

lǎo bàng hé shuǐ niǎo
老蚌和水鸟

lǎo bàng tǎng zài shā tān shàng zhāng kāi bàng ké
老蚌躺在沙滩上，张开蚌壳

xiàng tài yáng shuǐ niǎo hū rán lái zhuó tā bàng ké qián
向太阳。水鸟忽然来啄他，蚌壳钳

zhù niǎo zuǐ ba
住鸟嘴巴。

bàng shuō nǐ zhè xiǎo shuǐ niǎo bú wèn dǐ
蚌说："你这小水鸟！不问底

xì bǎ wǒ yǎo jīn tiān qián nǐ dào míng tiān kàn nǐ zěn
细把我咬；今天钳你到明天，看你怎
yàng pǎo de liǎo
样跑得了？”

shuǐ niǎo mà dào lǎo bàng jīng jīn tiān míng
水鸟骂道：“老蚌精！今天明
tiān tiān qì qíng méi yǒu shuǐ yě méi yǒu yǔ kàn nǐ zěn
天天气晴，没有水也没有雨，看你怎
yàng huó de chéng
样活得成？”

bàng bú fàng niǎo niǎo yào zhuó bàng yú wēng jiàn
蚌不放鸟，鸟要啄蚌。渔翁见
le xīn kuài lè qīng qīng zǒu dào shā tān shàng lǎo
了心快乐，轻轻走到沙滩上，老
bàng shuǐ niǎo yì qǐ zhuō
蚌水鸟一起捉。

yú gōng yí shān

愚公移山

cóng qián　yǒu yí wèi lǎo yé ye jiào yú gōng　tā
从前，有一位老爷爷叫愚公，他
yǐ jīng jiǔ shí duō suì le　tóu fa hé hú zi dōu bái le
已经九十多岁了，头发和胡子都白了。
tā jiā mén qián yǒu liǎng zuò dà shān　tài háng shān hé
他家门前有两座大山——太行山和
wáng wū shān　tā měi cì chū mén dōu yào rào hěn yuǎn de
王屋山。他每次出门都要绕很远的
lù　fēi cháng bù fāng biàn
路，非常不方便。

yì tiān　yú gōng zhào jí quán jiā rén shuō
一天，愚公召集全家人说：
zhè liǎng zuò dà shān dǎng zhù le wǒ men de lù　wǒ
“这两座大山挡住了我们的路，我
men wèi shén me bù bǎ tā men bān zǒu ne
们为什么不把它们搬走呢？”

ér zi hé sūn zi men yì tīng dōu xīng fèn de
儿子和孙子们一听，都兴奋地

shuō hǎo wǒ men yì qǐ wā shān
说：“好！我们一起挖山！”

yú shì yú gōng dài zhe quán jiā rén ná zhe
于是，愚公带着全家人，拿着

chú tou hé luó kuāng kāi shǐ wā shān tā men bǎ wā xià
锄头和箩筐，开始挖山。他们把挖下

lái de shí tou hé ní tǔ yùn dào hěn yuǎn de dà hǎi biān
来的石头和泥土运到很远的大海边

dào diào
倒掉。

lín jū zhì sǒu kàn dào hòu xiào zhe shuō yú
邻居智叟看到后，笑着说：“愚

gōng a nǐ dōu zhè me lǎo le zěn me kě néng bān de
公啊，你都这么老了，怎么可能搬得

dòng liǎng zuò dà shān ne bié bái fèi lì qi la
动两座大山呢？别白费力气啦！”

yú gōng cā le cā hàn jiān dìng de huí dá
愚公擦了擦汗，坚定地回答：

wǒ shì lǎo le dàn wǒ yǒu ér zi ér zi yòu yǒu
“我是老了，但我有儿子，儿子又有

sūn zi zǐ zǐ sūn sūn yì zhí wā xià qù zǒng yǒu yì
孙子，子子孙孙一直挖下去，总有一

tiān néng bǎ shān bān zǒu
天能把山搬走！”

tiān shàng de yù dì tīng shuō le yú gōng de jué
天上的玉帝听说了愚公的决

xīn fēi cháng gǎn dòng jiù pài liǎng wèi dà lì shén bǎ
心，非常感动，就派两位大力神把

tài háng shān hé wáng wū shān bān zǒu le cóng cǐ yú
太行山和王屋山搬走了。从此，愚

gōng yì jiā chū mén zài yě bú yòng rào lù le
公一家出门再也不用绕路了！

jīng wèi tián hǎi

精卫填海

hěn jiǔ hěn jiǔ yǐ qián tài yáng shén yán dì yǒu yí
很久很久以前，太阳神炎帝有一
gè kě ài de xiǎo nǚ ér míng jiào nǚ wá
个可爱的小女儿，名叫女娃。

yǒu yì tiān nǚ wá huá zhe xiǎo chuán qù dōng hǎi
有一天，女娃划着小船去东海
yóu wán tū rán hǎi shàng guā qǐ kuáng fēng jù
游玩。突然，海上刮起狂风，巨
làng xiàng guài shòu yí yàng xiān fān le xiǎo chuán nǚ wá
浪像怪兽一样掀翻了小船！女娃
diào jìn hǎi lǐ zài yě méi yǒu huí lái
掉进海里，再也没有回来……

yán dì shāng xīn jí le dàn shén qí de shì qing
炎帝伤心极了。但神奇的事情
fā shēng le nǚ wá biàn chéng le yì zhī měi lì de
发生了——女娃变成了一只美丽的

xiǎo niǎo tā de yǔ máo xiàng hēi yè yí yàng hēi zuǐ
小鸟！她的羽毛像黑夜一样黑，嘴

ba xiàng xuě yí yàng bái tā fā chū jīng wèi jīng
巴像雪一样白，她发出“精卫！精

wèi de bēi míng suǒ yǐ rén men jiào tā jīng wèi
卫！”的悲鸣，所以人们叫她精卫。

jīng wèi méi yǒu wàng jì dà hǎi de kě pà
精卫没有忘记大海的可怕，

tā xiǎng wǒ yào bǎo hù qí tā xiǎo péng you
她想：“我要保护其他小朋友，

bù néng ràng dà hǎi zài hài rén yú shì tā
不能让大海再害人！”于是，她

měi tiān cóng xī shān xián lái xiǎo shù zhī xiǎo shí zǐ
每天从西山衔来小树枝、小石子，

fēi dào dōng hǎi shàng kōng diū xià qù xiǎng bǎ dà hǎi
飞到东海上空丢下去，想把大海

tián píng
填平。

dà hǎi cháo xiào tā nǐ zhè shǎ niǎo
大海嘲笑她：“你这傻鸟，
yì gēn shù zhī lián wǒ de jiǎo zhǐ dōu gài bú zhù
一根树枝连我的脚趾都盖不住！
nǐ jiù suàn gàn yì bǎi wàn nián yě xiū xiǎng bǎ
你就算干一百万年，也休想把
wǒ tián píng dàn jīng wèi jiān dìng de shuō
我填平！”但精卫坚定地说：
zhǐ yào wǒ yì zhí nǔ lì zǒng yǒu yì tiān
“只要我一直努力，总有一天
néng chéng gōng
能成功！”

hòu lái jīng wèi de hái zi men sūn bèi
后来，精卫的孩子们、孙辈
men yě gēn zhe tā yì qǐ xián shí zǐ zhí dào
们也跟着她一起衔石子。直到
jīn tiān nǐ hái néng tīng dào hǎi biān chuán lái
今天，你还能听到海边传来
jīng wèi jīng wèi de jiào shēng ne
“精卫！精卫！”的叫声呢！

mǎ yǐ hé chán

蚂蚁和蝉

yì cháng qiū yǔ guò hòu lǜ yè hé qīng cǎo dōu
一场秋雨过后，绿叶和青草都
huàn le yì shēn jīn huáng sè de yī fu tài yáng chū
换了一身金黄色的衣服。太阳出
lái le mǎ yǐ xiōng dì men kāi shǐ zhǔn bèi guò dōng de
来了，蚂蚁兄弟们开始准备过冬的
liáng shi tā men lái dào shù xià jiāng shù shàng diào xià
粮食，他们来到树下，将树上掉下
lái de guǒ zi shōu jí qǐ lái zhěng zhěng qí qí de bǎi
来的果子收集起来，整整齐齐地摆
zài shù xià shài chéng gānr rán hòu yì diǎn diǎn de yùn
在树下晒成干儿，然后一点点地运
huí jiā mǎ yǐ xiōng dì de liáng cāng kě zhēn dà a
回家。蚂蚁兄弟的粮仓可真大啊！
nà lǐ yǒu xǔ duō hǎo chī de dōng xi dàn shì wèi le
那里有许多好吃的东西，但是为了

shǐ liáng cāng chōng zú yì xiē mǎ yǐ
使粮仓充足一些，蚂蚁

xiōng dì réng rán sì chù xún zhǎo shí wù hàn shuǐ shùn zhe
兄弟仍然四处寻找食物，汗水顺着

tā men de liǎn zhí wǎng xià liú tā men shuí yě gù bú
他们的脸直往下流，他们谁也顾不

shàng cā hàn zhè shí wán le yí xià tiān de chán cóng
上擦汗。这时，玩了一夏天的蝉从

tā men tóu shàng fēi guò kàn dào mǎ yǐ lèi chéng nà fù
他们头上飞过，看到蚂蚁累成那副

yàng zi biàn cháo xiào shuō wèi shén me yào zì tǎo
样子，便嘲笑说：“为什么要自讨

kǔ chī nǐ men kàn wǒ duō zì zai nǐ men shén me
苦吃，你们看，我多自在！你们什么

shí hou cái néng hé wǒ yí yàng zì zai ne
时候才能和我一样自在呢？”

shuō zhe fēi dào le mǎ yǐ
说着飞到了蚂蚁

xiōng dì de tóu shàng tiào le
兄弟的头上，跳了

yí huìr wǔ nà wǔ zī shí zài shì tài měi le chán zài
一会儿舞，那舞姿实在是太美了，蝉在
xīn lǐ zàn měi zhe zì jǐ
心里赞美着自己。

zhuǎn yǎn jiān dōng tiān dào le mǎ yǐ xiōng
转眼间，冬天到了，蚂蚁兄
dì men tuī kāi mén xiǎng hū xī yí xià xīn xiān kōng
弟们推开门想呼吸一下新鲜空
qì zhè shí chán fei le guò lái tā yǒu qì wú lì
气，这时蝉飞了过来，他有气无力
de shuō hǎo xiōng dì gěi wǒ diǎnr chī de
地说：“好兄弟，给我点儿吃的
ba bù rán wǒ huì è sǐ de mǎ yǐ xiōng dì
吧，不然我会饿死的。”蚂蚁兄弟
shuō nà nǐ xià tiān wèi shén me bù zhǎo xiē guò dōng
说：“那你夏天为什么不找些过冬
de liáng shi xià tiān wǒ zhèng máng zhe chàng
的粮食？”“夏天我正忙着唱
gē ne nà qiū tiān ne qiū tiān wǒ
歌呢。”“那秋天呢？”“秋天我

zhèng máng zhe tiào wǔ ne mǎ yǐ xiōng dì ná
正忙着跳舞呢。”蚂蚁兄弟拿

chū liáng shi gěi chán chī kàn zhe chán nà láng tūn hǔ yàn
出粮食给蝉吃，看着蝉那狼吞虎咽

de yàng zi tàn le kǒu qì shuō rú guǒ nǐ xià
的样子，叹了口气说：“如果你夏

tiān chàng gē qiū tiān tiào wǔ nà dōng tiān jiù zhǐ néng
天唱歌，秋天跳舞，那冬天就只能

è dù zi le
饿肚子了！”

xiǎo māo diào yú

小猫钓鱼

yì tiān zǎo shang māo mā ma dài zhe xiǎo māo dào
一天早上，猫妈妈带着小猫到
xiǎo hé biān diào yú
小河边钓鱼。

yì zhī qīng tíng fēi lái le xiǎo māo kàn le zhēn
一只蜻蜓飞来了。小猫看了真
xǐ huan fàng xià yú gān jiù qù zhuō qīng tíng qīng tíng
喜欢，放下鱼竿就去捉蜻蜓。蜻蜓
fēi zǒu le xiǎo māo kōng zhe shǒu huí dào hé biān yí
飞走了，小猫空着手回到河边，一

kàn māo mā ma diào le yì tiáo dà yú
看，猫妈妈钓了一条大鱼。

yì zhī hú dié fēi lái le xiǎo māo kàn le zhēn xǐ
一只蝴蝶飞来了。小猫看了真喜
huan fàng xià yú gān jiù qù zhuō hú dié hú dié fēi zǒu
欢，放下鱼竿就去捉蝴蝶。蝴蝶飞走
le xiǎo māo kōng zhe shǒu huí dào hé biān yí kàn
了，小猫空着手回到河边，一看，
māo mā ma yòu diào le yì tiáo dà yú
猫妈妈又钓了一条大鱼。

xiǎo māo shuō　zhēn qì rén　wǒ zěn me yì
小猫说："真气人，我怎么一

tiáo xiǎo yú yě diào bù zháo
条小鱼也钓不着？"

māo mā ma shuō　diào yú jiù diào yú　bú yào
猫妈妈说："钓鱼就钓鱼，不要

yí huìr zhuō qīng tíng　yí huìr zhuō hú dié　sān
一会儿捉蜻蜓，一会儿捉蝴蝶。三

xīn èr yì　zěn me néng diào dào yú ne
心二意，怎么能钓到鱼呢？"

yú shì　xiǎo māo kāi shǐ yì xīn yí yì de diào
于是，小猫开始一心一意地钓

yú　qīng tíng fēi lái le　hú dié yě fēi lái le
鱼。蜻蜓飞来了，蝴蝶也飞来了，

xiǎo māo jiù xiàng méi kàn jiàn yí yàng yí bù yě méi zǒu
小猫就像没看见一样，一步也没走

kāi bù yí huìr xiǎo māo diào dào le yì tiáo dà
开。不一会儿，小猫钓到了一条大

yú gāo xìng de hǎn le qǐ lái wǒ diào dào dà
鱼，高兴地喊了起来：“我钓到大

yú la
鱼啦！”

版权声明

快乐读书吧
系列丛书

和大人一起读 4

肖维玲 主编

山东大学出版社
SHANDONG UNIVERSITY PRESS
·济南·

图书在版编目（CIP）数据

和大人一起读．4 / 肖维玲主编．-- 济南 : 山东大学出版社，2025. 6. --（快乐读书吧系列丛书 / 肖维玲主编）. -- ISBN 978-7-5607-8856-2

Ⅰ．G624.233

中国国家版本馆 CIP 数据核字第 2025Z25F18 号

责任编辑　孙艳凤
文案编辑　李　建
封面设计　李文静

和大人一起读 4
HE DAREN YIQI DU 4

出版发行　山东大学出版社
社　　址　山东省济南市山大南路 20 号
邮政编码　250100
发行热线　(0531)88363008
经　　销　新华书店
印　　刷　天津联城印刷有限公司
规　　格　710 毫米 × 1000 毫米　1/16
　　　　　16.5 印张　317 千字
版　　次　2025 年 6 月第 1 版
印　　次　2025 年 6 月第 1 次印刷
定　　价　78.00 元（全四册）

目录

成长是最好的礼物

玻璃罐里的秘密

张开想象的翅膀

成长是最好的礼物

小竹笋在慢慢长高，

毛毛虫变身为美丽的花蝴蝶，

种子扭扭腰，喊伙伴们迎接春天。

……

在成长的道路上，

你有哪些珍贵的成长故事呢？

快跟爸爸妈妈一起分享吧！

xiǎo zhú sǔn
小竹笋

jiǎng yìng wǔ
蒋应武

zhú yuán lǐ jìng qiāo qiāo
竹园里，静悄悄，

fēng bù chuī shù bù yáo
风不吹，树不摇，

niǎo ér bù gē chàng
鸟儿不歌唱，

chóng ér yě bú jiào
虫儿也不叫。

zhǐ yǒu sǔn ér bú shuì jiào
只有笋儿不睡觉，

diǎn dian jiǎo tǐng ting yāo
踮踮脚，挺挺腰，

yì diǎnr yì diǎnr zài zhǎng gāo
一点儿一点儿在长高。

xiǎo máo chóng

小毛虫

yì dà lì dá fēn qí

［意大利］达·芬奇

zhāng fù shēng yì

张复生 译

yì tiáo xiǎo máo chóng pā zài yí piàn yè zi shàng

一条小毛虫趴在一片叶子上，

yòng xīn qí de mù guāng guān chá zhe zhōu wéi de yí qiè

用新奇的目光观察着周围的一切：

dà dà xiǎo xiǎo de kūn chóng yòu shì chàng yòu shì tiào

大大小小的昆虫又是唱，又是跳，

pǎo de pǎo fēi de fēi dào chù shēng jī bó bó

跑的跑，飞的飞……到处生机勃勃。

zhǐ yǒu tā zhè ge kě lián de xiǎo máo chóng jì bú

只有它，这个可怜的小毛虫，既不

huì pǎo gèng bú huì fēi
会跑，更不会飞。

xiǎo máo chóng fèi le jiǔ niú èr hǔ
小毛虫费了九牛二虎

zhī lì cái nuó dòng le yì diǎn diǎn
之力，才挪动了一点点。

dāng tā bèn zhuō de cóng yí piàn yè zi
当它笨拙地从一片叶子

pá dào lìng yí piàn yè zi shàng shí tā
爬到另一片叶子上时，它

jué de zì jǐ fǎng fú zhōu yóu le zhěng gè
觉得自己仿佛周游了整个

shì jiè
世界。

jǐn guǎn rú cǐ tā bìng bù bēi guān shī wàng
尽管如此，它并不悲观失望，
yě bú xiàn mù rèn hé rén tā dǒng de měi gè rén dōu
也不羡慕任何人，它懂得：每个人都
yǒu zì jǐ gāi zuò de shì qing tā yì tiáo xiǎo xiǎo de
有自己该做的事情。它，一条小小的
máo chóng yǎn qián zuì yào jǐn de shì xué huì chōu sī fǎng
毛虫，眼前最要紧的是学会抽丝纺
zhī wèi zì jǐ biān zhī yì jiān láo gù de jiǎn wū
织，为自己编织一间牢固的茧屋。

xiǎo máo chóng yí kè yě méi yǒu chí yí jìn xīn jié
小毛虫一刻也没有迟疑，尽心竭
lì de gōng zuò zhe tā zhī a zhī a zuì hòu bǎ zì
力地工作着。它织啊，织啊，最后把自
jǐ cóng tóu dào jiǎo guǒ jìn le wēn nuǎn de jiǎn wū lǐ
己从头到脚裹进了温暖的茧屋里。

yǐ hòu huì zěn me yàng　tā zài yǔ shì gé
“以后会怎么样？”它在与世隔

jué de jiǎn wū lǐ wèn
绝的茧屋里问。

wàn shì wàn wù dōu yǒu zì jǐ de guī lǜ　xiǎo
“万事万物都有自己的规律！”小

máo chóng tīng dào yí gè shēng yīn zài huí dá　nǐ yào
毛虫听到一个声音在回答，“你要

nài xīn děng dài　yǐ hòu huì míng bai de
耐心等待，以后会明白的。”

shí chen dào le tā qīng xǐng guò lái

时辰到了，它清醒过来，

zài yě bú shì yǐ qián nà tiáo bèn shǒu bèn jiǎo de

再也不是以前那条笨手笨脚的

xiǎo máo chóng tā líng qiǎo de cóng jiǎn zi lǐ

小毛虫。它灵巧地从茧子里

zhèng tuō chū lái jīng qí de fā xiàn zì jǐ

挣脱出来，惊奇地发现自己

shēn shàng shēng chū yí duì qīng yíng de chì bǎng

身上生出一对轻盈的翅膀，

shàng miàn bù mǎn sè cǎi bān lán de huā wén tā yú kuài
上面布满色彩斑斓的花纹。它愉快

de wǔ dòng le yí xià shuāng chì rú róng máo yì bān
地舞动了一下双翅，如绒毛一般，

cóng yè zi shàng piāo rán ér qǐ tā fēi a fēi
从叶子上飘然而起。它飞啊飞，

jiàn jiàn de xiāo shī zài lán sè de wù ǎi zhī zhōng
渐渐地消失在蓝色的雾霭之中。

wǒ xiǎo niǎo hé líng dang

我，小鸟和铃铛

rì běn jīn zǐ měi líng

［日本］金子美铃

wú fēi yì

吴菲 译

wǒ zhāng kāi shuāng bì

我张开双臂，

yě bù néng xiàng xiǎo niǎo yí yàng

也不能像小鸟一样，

zài tiān kōng zhǎn chì fēi xiáng

在天空展翅飞翔。

huì fēi de xiǎo niǎo

会飞的小鸟，

què bù néng xiàng wǒ yí yàng

却不能像我一样，

zài dà dì shàng bēn pǎo
在大地上奔跑。

wǒ yáo huàng shēn tǐ
我摇晃身体，
yě bù néng xiàng líng dang yí yàng
也不能像铃铛一样，
fā chū cuì xiǎng
发出脆响。

huì xiǎng de líng dang
会响的铃铛，
què bù néng xiàng wǒ yí yàng
却不能像我一样，
kuài lè de gē chàng
快乐地歌唱。

líng dang xiǎo niǎo hái yǒu wǒ
铃铛，小鸟，还有我，
wǒ men bù yí yàng
我们不一样，
wǒ men dōu hěn bàng
我们都很棒。

hóng guǒ zi

红果子

bīng bō
冰 波

hóng guǒ zi yí gòng yǒu wǔ gè xiōng dì tā men
红果子一共有五个兄弟，他们
dōu yǒu yì zhāng hóng hóng de liǎn yì qǐ zhǎng zài yì
都有一张红红的脸，一起长在一
kē jí xiǎo de xiǎo shù shàng zhè kē xiǎo shù suī rán zhǐ yǒu
棵极小的小树上。这棵小树虽然只有
yě cǎo nà me gāo kě shì tā yě shì tā men wǔ gè xiōng
野草那么高，可是她也是他们五个兄
dì de mā ma ya
弟的妈妈呀。

hái zi men xiǎo shù mā ma shuō nǐ men
“孩子们，”小树妈妈说，“你们
dōu kuài yào chéng shú le mā ma suī rán bù xiǎng nǐ men
都快要成熟了，妈妈虽然不想你们
lí kāi kě shì mā ma hái shi xī wàng nǐ men fēi dào
离开，可是，妈妈还是希望你们飞到
yuǎn yuǎn de dì fang qù shēng zhǎng
远远的地方去生长。”

zhè jiù shì hóng guǒ zi mā ma de xīn yuàn
这就是红果子妈妈的心愿。

yǒu yì tiān bāo zhe hóng guǒ zi de jiá ké liè kāi
有一天，包着红果子的荚壳裂开
le hóng guǒ zi xiōng dì jiù zài zhè yí chà nà bèi tán
了。红果子兄弟就在这一刹那，被弹
chū qù le
出去了。

lǎo dà tán de zuì yuǎn yì zhí tán dào le shuǐ gōu
老大弹得最远，一直弹到了水沟
biān lǎo èr tán dào le yì kē dà shù biān lǎo sān tán
边。老二弹到了一棵大树边。老三弹
dào le yí kuài féi wò de hēi tǔ lǐ lǎo sì ne tán
到了一块肥沃的黑土里。老四呢，弹
dào le yán shí shàng gǔn dào shān pō xià qù le
到了岩石上，滚到山坡下去了。

mā ma shuō à tā men dōu dào le hǎo dì
妈妈说："啊！他们都到了好地

fang wǒ fàng xīn le
方，我放心了……"

kě jiù zài zhè ge shí hou mā ma fā xiàn zài
可就在这个时候，妈妈发现，在

jiá ké shàng hái yǒu zuì hòu yì kē hóng guǒ zi liú zài nà
荚壳上，还有最后一颗红果子留在那

lǐ méi yǒu tán chū qù
里，没有弹出去。

zhè kē zuì xiǎo de hóng guǒ zi dī shēng duì mā ma
这颗最小的红果子低声对妈妈

shuō wǒ wǒ hěn xiǎng tán chū qù kě shì
说："我……我很想弹出去，可是，

bù zhī wèi shén me wǒ hái zài zhèr
不知为什么，我还在这儿……"

mā ma yí kàn jiá ké yǐ jīng wán quán liè kāi
妈妈一看，荚壳已经完全裂开

le yě jiù shì zhè kē zuì xiǎo de hóng guǒ zi
了，也就是，这颗最小的红果子，

zài yě bù kě néng bèi tán chū qù le yòng mā ma de
再也不可能被弹出去了。用妈妈的

yǎn guāng lái kàn zhè kē zuì xiǎo de hóng guǒ zi yǐ
眼光来看，这颗最小的红果子，已

jīng méi yǒu qián tú le
经没有前途了。

mā ma kàn zhe zuì xiǎo de hóng guǒ zi yǎn lǐ jìn
妈妈看着最小的红果子，眼里尽

shì nán guò
是难过。

zhè shí hou yǒu yì zhī xiǎo niǎo fēi xià lái tíng
这时候，有一只小鸟飞下来，停

zài le mā ma de shēn shàng tā kàn jiàn hóng guǒ zi yì
在了妈妈的身上。他看见红果子，一

zhuó jiù bǎ hóng guǒ zi chī jìn le dù zi lǐ
啄就把红果子吃进了肚子里。

hóng guǒ zi jué de yǎn qián yí xià zi biàn de
红果子觉得，眼前一下子变得
yí piàn qī hēi le ér qiě shēn tǐ luàn yáo zhe tóu hěn
一片漆黑了，而且身体乱摇着，头很
yūn hóng guǒ zi shāng xīn de xiǎng wǒ yào sǐ le
晕。红果子伤心地想：“我要死了，
wǒ yào biàn méi le
我要变没了……”

bù zhī guò le duō jiǔ hóng guǒ zi hū rán yǎn qián
不知过了多久，红果子忽然眼前
yí liàng tā cóng xiǎo niǎo de dù zi lǐ chū lái le
一亮。他从小鸟的肚子里出来了，
zhèng suí zhe niǎo shǐ yì qǐ wǎng xià luò ne tā shì bèi
正随着鸟屎一起往下落呢。他是被
xiǎo niǎo chī jìn dù zi lǐ xiàn zài yòu bèi xiǎo niǎo lā chū
小鸟吃进肚子里，现在又被小鸟拉出
lái le
来了。

tā diào zài le xuán yá shàng de yì tiáo xiǎo fèng
他掉在了悬崖上的一条小缝

lǐ zhè shì yí dà piàn guāng tū tū de xuán yá
里。这是一大片光秃秃的悬崖，

shàng miàn lián yì kē cǎo dōu méi yǒu
上面连一棵草都没有。

zhè shí hou hóng guǒ zi fā xiàn zì jǐ bú zài
这时候，红果子发现，自己不再

shì hóng guǒ zi tā zài xiǎo niǎo de dù zi lǐ dāi le zhè
是红果子，他在小鸟的肚子里待了这

me jiǔ yǐ jīng biàn chéng yí gè yìng yìng de hé le
么久，已经变成一个硬硬的核了。

guò le hǎo jiǔ jiù zài zhè tiáo xiǎo fèng lǐ hóng
过了好久，就在这条小缝里，红
guǒ zi fā yá le tā de lǜ sè de nèn yá jué jiàng
果子发芽了。他的绿色的嫩芽，倔强
de cóng shí fèng lǐ zhǎng chū lái shēn xiàng yǒu yáng guāng
地从石缝里长出来，伸向有阳光
de dì fang
的地方。

zài yáng guāng xià tā màn màn zhǎng dà le
在阳光下，他慢慢长大了。
guāng tū tū de xuán yá shàng zhōng yú yǒu yì kē huó de
光秃秃的悬崖上，终于有一棵活的
xiǎo shù miáo
小树苗。

jiù zài nà piàn xuán yá de xià miàn xiǎo shù mā ma
就在那片悬崖的下面，小树妈妈
tái tóu kàn zhe xuán yá shàng de xiǎo shù miáo xīn lǐ xiǎng
抬头看着悬崖上的小树苗，心里想：
kàn nà yàng de hái zi cái zhēn shì yǒu chū xi yào shi
看，那样的孩子才真是有出息，要是
wǒ de hái zi néng xiàng tā jiù hǎo le
我的孩子能像他就好了。

tā bù zhī dào qí shí nà jiù shì tā zì jǐ
她不知道，其实，那就是她自己
de hái zi tā zài xiǎo niǎo de dù zi lǐ jīng lì le hěn
的孩子，他在小鸟的肚子里经历了很
duō kǔ nàn xiàn zài yǐ jīng chéng le zuì jiān qiáng de
多苦难，现在，已经成了最坚强的
xiǎo shù miáo le
小树苗了。

wǒ men de xué xiào

我们的学校

lǐ xiān yì

李先轶

wǒ men de xué xiào zuò luò zài dà shān de huái
我们的学校，坐落在大山的怀
bào yí bàn zài yún lǐ yí bàn zài wù lǐ cóng xiào
抱，一半在云里，一半在雾里。从校
mén kǒu pū chū de shí bǎn lù wān wān qū qū shēn dào
门口铺出的石板路，弯弯曲曲，伸到
shān jiǎo píng dì
山脚平地。

wǒ men de xué xiào zuò luò zài nóng mì de zhú lín
我们的学校，坐落在浓密的竹林
lǐ bái qiáng hóng wǎ yìng zhào zhe dōng fāng de chén
里，白墙红瓦，映照着东方的晨
xī mén qián cuì zhú yǎn bì wū hòu huān tiào zhe
曦。门前，翠竹掩蔽；屋后，欢跳着
shān xī
山溪……

shān xī lǐ piāo zhe gē shēng
山溪里，飘着歌声。

zhú lín jiān dàng zhe xiào yǔ
竹林间，荡着笑语。

dāng qīng cuì de shàng kè líng shēng xiǎng qǐ
当清脆的上课铃声响起，

tóng xué men xiàng xǐ què shì de fēi jìn le jiào shì yì
同学们像喜鹊似的飞进了教室。一

shuāng shuāng yǎn jing zài tàn qiú yí duì duì ěr duo zài
双双眼睛在探求，一对对耳朵在

dì tīng dùn shí láng láng shū shēng cóng chuāng kǒu fēi
谛听。顿时，琅琅书声从窗口飞

rù yún jì hé shān què duì huà hé zhú lín xù yǔ
入云际，和山雀对话，和竹林絮语……

wǒ men shì shān lǐ de hái zi shān
我们是山里的孩子。山
lǐ de hái zi chéng zhǎng zài xué xiào lǐ
里的孩子，成长在学校里。

yí zhèn chūn fēng chuī jìn zhú lín
一阵春风吹进竹林。
qīng qīng de zhú zi gàn zhuàng yè mì
青青的竹子，干壮叶密；
chūn sǔn pò tǔ bá dì ér qǐ lín
春笋破土，拔地而起。林
jiān shǎn shǎn de hóng lǐng jīn xiàng fēi dòng
间闪闪的红领巾，像飞动
de qí
的旗！

shān jiān de xīn sǔn tiān tiān xiàng shàng
山间的新笋，天天向上。
shān lǐ de hái zi zhuó zhuàng chéng zhǎng
山里的孩子，茁壮成长。

玻璃罐里的秘密

为什么露珠是圆滚滚的？

为什么蚂蚁要碰触角说悄悄话？

快把你的“为什么”装进玻璃罐里，

它们会在夜里发芽，

长出彩虹桥，通向科学的城堡！

yú ér shuì zài nǎ lǐ

鱼儿睡在哪里

sū lián yī tuō kè mǎ kē wá

[苏联]伊·托克玛科娃

jīng zōng jié yì

荆宗杰 译

shēn yè lǐ, yí piàn qī hēi, yí piàn jì jìng,

深夜里，一片漆黑，一片寂静，

yú ér a, yú ér, nǐ shuì zài nǎ lǐ

鱼儿啊，鱼儿，你睡在哪里？

hú li de jiǎo yìn tōng xiàng dòng xué

狐狸的脚印通向洞穴，

gǒu de jiǎo yìn tōng xiàng zì jǐ de wō

狗的脚印通向自己的窝；

sōng shǔ de jiǎo yìn tōng xiàng shù dòng

松鼠的脚印通向树洞，

lǎo shǔ de jiǎo yìn tōng xiàng dì dòng

老鼠的脚印通向地洞。

kě shì, zài xiǎo hé lǐ, zài shuǐ zhōng

可是，在小河里，在水中，

nǎ lǐ yě zhǎo bú dào nǐ de zú jì
哪里也找不到你的足迹。

zhǐ yǒu yí piàn qī hēi yí piàn jì jìng
只有一片漆黑，一片寂静。

yú ér a yú ér nǐ shuì zài nǎ lǐ
鱼儿啊，鱼儿，你睡在哪里？

阅读感悟

夜空一片漆黑，大地静悄悄的，狐狸、狗、松鼠、老鼠都要回自己的家睡觉，但是诗人却看不到鱼儿回家，于是焦急地询问鱼儿在哪里睡觉。

dōng wá

冬娃

lǔ bīng

鲁 兵

yí gè wá wa bào zhe shù zhī yáo a yáo a

一个娃娃，抱着树枝摇啊，摇啊，

shù yè yí piàn piàn luò xià luò xià

树叶一片片落下，落下。

dà shù shuō bié yáo bié yáo wá wa shù

大树说：“别摇，别摇，娃娃，树

yè luò guāng le guāng tū tū de duō nán kàn ya

叶落光了，光秃秃的，多难看呀！”

wá wa shuō bù xíng bù xíng tiān lěng

娃娃说：“不行，不行！天冷

le yǔ shǎo le dì gān le nǎr yǒu nà me duō

了，雨少了，地干了，哪儿有那么多

shuǐ gěi shù yè hē ya xiàng qù nián yí yàng ràng shù yè

水给树叶喝呀！像去年一样，让树叶

luò xià míng nián chūn tiān nǐ huì fā yá

落下，明年春天你会发芽。”

dà shù shuō nǐ zhēn cōng míng wá wa gào

大树说：“你真聪明，娃娃。告

su wǒ nǐ jiào shá

诉我，你叫啥？”

wá wa shuō zán men
娃娃说：“咱们

měi nián jiàn yí cì miàn wǒ
每年见一次面，我

de míng zi jiào dōng wá
的名字叫冬娃。”

cǎi hóng

彩虹

jīn tiān xià wǔ xià le yì cháng dà yǔ yǔ hòu
今天下午，下了一场大雨。雨后
wǒ zǒu dào yuàn zi lǐ kàn jiàn tiān kōng zhōng chū xiàn
我走到院子里，看见天空中出现
le yì tiáo wǔ cǎi bīn fēn de cǎi hóng wān wān de cǎi hóng
了一条五彩缤纷的彩虹，弯弯的彩虹
jiù xiàng yí zuò xiǎo qiáo wǒ wèn nǎi nai cǎi hóng
就像一座小桥。我问奶奶：“彩虹
shì zěn me chū lái de nǎi nai shuō tiān shàng yǒu
是怎么出来的？”奶奶说：“天上有

yí wèi guāng míng shén cǎi hóng jiù shì tā guà zài
一位光明神，彩虹就是他挂在
yún duān de gōng
云端的弓。”

wǒ hái shi bù míng bai jiù qù wèn bà ba
我还是不明白，就去问爸爸。

bà ba shuō xià guò yǔ hòu tiān kōng zhōng yǒu
爸爸说：“下过雨后，天空中有
hěn duō xiǎo shuǐ dī yáng guāng shè dào tiān kōng zhōng
很多小水滴。阳光射到天空中
de shuǐ dī lǐ xíng chéng chì chéng huáng lǜ
的水滴里，形成赤、橙、黄、绿、
qīng lán zǐ děng sè guāng jiù shì wǒ men néng
青、蓝、紫等色光，就是我们能
kàn dào de cǎi hóng kōng qì lǐ de shuǐ dī yuè dà cǎi
看到的彩虹。空气里的水滴越大，彩
hóng jiù yuè měi lì
虹就越美丽。”

wǒ duō dà le
我多大了

zhì liáng
智 良

dì qiú yì zhí bù zhī dào zì jǐ de nián líng tā
地球一直不知道自己的年龄，它
jiù qù wèn tài yáng mā ma mā ma wǒ duō dà le
就去问太阳妈妈：“妈妈，我多大了？”

tài yáng mā ma wēi xiào zhe shuō dá àn jiù zài nǐ
太阳妈妈微笑着说：“答案就在你
shēn shàng nǐ zì jǐ qù zhǎo ba
身上，你自己去找吧！”

dì qiú jiù kāi shǐ zài shēn shàng zhǎo dá àn
地球就开始在身上找答案。

tā kàn jiàn fú yóu zài chí táng shàng kōng kuài
它看见蜉蝣在池塘上空快
lè de fēi xiáng
乐地飞翔。

dì qiú wèn fú yóu fú yóu nǐ zhī
地球问：“蜉蝣，蜉蝣，你知
dào wǒ de nián líng ma
道我的年龄吗？”

fú yóu shuō wǒ zhāo shēng mù sǐ yì shēng huó
蜉蝣说：“我朝生暮死，一生活
bú dào yì tiān zěn me néng zhī dào nǐ de nián líng ne
不到一天，怎么能知道你的年龄呢！”

dì qiú kàn jiàn dà xīng xing men zài sēn lín lǐ zhuī dǎ
地球看见大猩猩们在森林里追打
xī xì jiù wèn cōng míng de dà xīng xing nǐ zhī
嬉戏，就问：“聪明的大猩猩，你知
dào wǒ de nián líng ma
道我的年龄吗？”

dà xīng xing shuō tīng mā ma shuō wǒ lǎo lao de
大猩猩说：“听妈妈说，我姥姥的
lǎo lao shēng xià lái yǐ qián zǎo jiù yǒu nǐ dì qiú le
姥姥生下来以前，早就有你地球了。
wǒ kě shuō bù qīng nǐ yǒu duō dà le
我可说不清你有多大了！”

dì qiú kàn jiàn hǎi guī zài hǎi tān shàng yòu wèn
地球看见海龟在海滩上，又问：
cháng shòu de hǎi guī nǐ zhī dào wǒ de nián líng ma
“长寿的海龟，你知道我的年龄吗？”

hǎi guī shuō wǒ men zuì duō huó liǎng sān bǎi nián
海龟说：“我们最多活两三百年，

bù zhī dào nǐ de nián líng
不知道你的年龄。”

dì qiú kàn jiàn gāo dà de
地球看见高大的

lóng xuè shù zài shài tài yáng
龙血树在晒太阳。

dì qiú wèn lǎo shòu xing lóng xuè shù nǐ zhī
地球问：“老寿星龙血树，你知

dào wǒ de nián líng ma
道我的年龄吗？”

lóng xuè shù shuō wǒ men suī rán yǐ jīng huó le
龙血树说：“我们虽然已经活了

wǔ liù qiān suì le kě shì cóng xiǎo jiù zài nǐ de
五六千岁了，可是从小就在你的

shēn shàng zhā gēn bù zhī dào nǐ huó duō jiǔ le
身上扎根，不知道你活多久了。”

dì qiú yòu qù wèn huà shí huà shí zhǐ zhī dào tā
地球又去问化石，化石只知道它

xià miàn de dì céng bǐ shàng miàn
下面的地层比上面

de dì céng gǔ lǎo tā lián zì
的地层古老，它连自

jǐ de nián líng dōu bù zhī dào
己的年龄都不知道。

zhè shí hou fàng shè xìng yuán sù yóu wán pí de
这时候，放射性元素铀顽皮地
xiàng dì qiú zhǎ yǎn jing
向地球眨眼睛。

dì qiú shuō nán dào nǐ zhī dào wǒ duō dà le
地球说：“难道你知道我多大了？”

fàng shè xìng yuán sù yóu shuō yì diǎnr bú cuò
放射性元素铀说：“一点儿不错，
wǒ zhī dào wǒ men yóu jīng guò sì shí wǔ yì nián zhī hòu
我知道。我们铀经过四十五亿年之后，
jiù yǒu yí bàn de huǒ bàn biàn chéng qiān xiàn zài wǒ men
就有一半的伙伴变成铅。现在我们
hái shèng yí bàn de huǒ bàn nǐ kěn dìng shì sì shí wǔ yì
还剩一半的伙伴，你肯定是四十五亿
suì yǐ shàng le
岁以上了。”

dì qiú zhōng yú zhī dào le zì jǐ de nián líng
地球终于知道了自己的年龄。

shuí diū le wěi ba
谁丢了尾巴

lǔ kè
鲁 克

xiǎo hóu zi zài shù xià jiǎn dào le yì tiáo wěi ba
小猴子在树下捡到了一条尾巴，
dào chù zhǎo shī zhǔ
到处找失主。

qīng tíng shuō bú shì wǒ de wǒ men qīng tíng méi
蜻蜓说：“不是我的。我们蜻蜓没
yǒu wěi ba shēn tǐ hòu miàn nà cháng cháng de shì dù zi
有尾巴，身体后面那长长的是肚子。”

zhuó mù niǎo shuō wǒ de wěi ba xiàng bǎn dèng
啄木鸟说：“我的尾巴像板凳，
chēng zài shù gàn shàng wǒ cái néng zhuō chóng nǎ huì
撑在树干上，我才能捉虫，哪会

diū nǎ huì diū
丢？哪会丢？”

huī tù mā ma xiào zhe shuō zhè yě bú shì wǒ
灰兔妈妈笑着说：“这也不是我

de wěi ba wǒ de wěi ba suī rán duǎn dàn bēn pǎo shí
的尾巴。我的尾巴虽然短，但奔跑时

bǎ wěi ba qiào qǐ lái hái zi men jiù néng kàn zhe wǒ de
把尾巴翘起来，孩子们就能看着我的

wěi ba pǎo huí jiā
尾巴跑回家。”

xiǎo hóu zi zhǎo wa zhǎo zhǎo dào le xiǎo xī yì
小猴子找哇找，找到了小蜥蜴。

xiǎo xī yì shuō zhè shì wǒ de wěi ba dàn shì xiàn
小蜥蜴说：“这是我的尾巴，但是现

zài wǒ bù xū yào le yīn wèi wěi ba shì wǒ men má bì
在我不需要了，因为尾巴是我们麻痹

dí rén de gōng jù duàn diào hái huì zhǎng chū lái de
敌人的工具，断掉还会长出来的。”

jù chéng liǎng bànr de yuè liang
锯成两半儿的月亮

zhāng qiū shēng
张秋生

xiǎo qīng wā dūn zài hé yè shàng tā zài shǔ zhe chí
小青蛙蹲在荷叶上，他在数着池
táng lǐ de xīng xing yì kē liǎng kē sān kē
塘里的星星，一颗、两颗、三颗……
shǔ zhe shǔ zhe tā dǎ qǐ le kē shuì
数着数着，他打起了瞌睡。

dāng tā zhēng kāi yǎn jing shí tū rán fā xiàn
当他睁开眼睛时，突然发现，

chí táng lǐ de yuán yuè liang bèi shuí jù chéng liǎng bànr
池塘里的圆月亮被谁锯成两半儿

le xiǎo qīng wā jīng huāng de jiào qǐ lái yuè liang
了。小青蛙惊慌地叫起来：“月亮

bèi jù chéng liǎng bànr le yuè liang bèi jù chéng liǎng
被锯成两半儿了！月亮被锯成两

bànr le
半儿了！”

chí táng lǐ de yú ér hé shù shàng de xiǎo niǎo
池塘里的鱼儿和树上的小鸟

men tīng le xià yí tiào dōu tàn chū nǎo dai qiáo yi
们，听了吓一跳，都探出脑袋瞧一

qiáo shuō yí yuè liang bú shì hǎo hǎo de ma
瞧，说：“咦，月亮不是好好的吗？”

xiǎo qīng wā zài tái tóu yì qiáo yuán yuán de
小青蛙再抬头一瞧，圆圆的
yuè liang xiàng gè yín pán yí yàng hǎo hǎo de tā nán wéi
月亮像个银盘一样，好好的。他难为
qíng le shuō wǒ dà gài zài zuò mèng
情了，说："我大概在做梦！"

guò le yí huìr tā tū rán fā xiàn yuè liang yòu
过了一会儿，他突然发现月亮又
bèi jù chéng liǎng bànr le
被锯成两半儿了。

zhè cì tā bú zài gāo shēng jiào huan ér shì zǐ
这次，他不再高声叫唤，而是仔
xì de zài kàn yi kàn
细地再看一看。

xiǎo qīng wā zhōng yú kàn qīng le shì dà yàn pái chéng
小青蛙终于看清了，是大雁排成

yí gè yī zì zhèng cóng yuán yuè liang zhōng jiān fēi
一个“一”字，正从圆月亮中间飞

guò yuán yuè liang jiù hǎo xiàng bèi jù chéng le liǎng bànr
过，圆月亮就好像被锯成了两半儿。

xiǎo qīng wā bú zài jīng huāng tā dà shēng de
小青蛙不再惊慌，他大声地

xiào le shuō wǒ zhī dào yuè liang shì bèi shuí jù
笑了，说：“我知道月亮是被谁锯

chéng liǎng bànr le
成两半儿了……”

shuí de sǎn dà
谁的伞大

xuē wèi mín
薛卫民

tài yáng xiàng huǒ qiú
太阳像火球，

kǎo de huǒ là là
烤得火辣辣……

xiǎo mǎ yǐ jǔ piàn dīng xiāng yè
小蚂蚁举片丁香叶，

tā shuō　wǒ de sǎn dà
他说：“我的伞大！”

xiǎo mà zha jǔ piàn wú tóng yè
小蚂蚱举片梧桐叶，

tā shuō　wǒ de sǎn dà
他说：“我的伞大！”

xiǎo qīng wā jǔ piàn lǜ hé yè
小青蛙举片绿荷叶，

tā shuō wǒ de sǎn dà
他说：“我的伞大！”

tiān kōng chě guò yí piàn bái yún
天空扯过一片白云，

méng zhù tài yáng de liǎn
蒙住太阳的脸。

ō zhè bǎ sǎn cái jiào dà
噢！这把伞才叫大，

suǒ yǒu de sǎn dōu zài tā de sǎn xià
所有的伞都在他的伞下！

张开想象的翅膀

找梦的脚步从不迷茫，

树叶里藏着岁月的想象。

张开想象的翅膀，

穿越文字的海洋，

来，猜个谜语，一起探寻奇妙的宝藏。

拥抱那无尽的幻想……

zhēn xī qí

真稀奇

xī qí xī qí zhēn xī qí
稀奇稀奇真稀奇，

má què cǎi sǐ lǎo mǔ jī
麻雀踩死老母鸡，

mǎ yǐ shēn cháng sān chǐ liù
蚂蚁身长三尺六，

bā shí suì lǎo wēng shuì zài yáo lán lǐ
八十岁老翁睡在摇篮里。

xīn lǐ de shì jiè
心里的世界

chéng yì rǔ
程逸汝

kàn dào yì kē xiǎo cǎo
看到一棵小草，
wǒ xiǎng dào le cǎo yuán
我想到了草原。
kàn dào yì duǒ xiān huā
看到一朵鲜花，
wǒ xiǎng dào le guǒ yuán
我想到了果园。

kàn dào yì duǒ làng huā
看到一朵浪花，
wǒ xiǎng dào le dà hǎi
我想到了大海。
kàn dào yì lǚ yáng guāng
看到一缕阳光，
wǒ xiǎng dào le lán tiān
我想到了蓝天。

kàn dào yǎn qián zhè xiǎo xiǎo de shì jiè
看到眼前这小小的世界，

wǒ xiǎng de hěn yuǎn hěn yuǎn
我想得很远很远。

wǒ yào qù yōng bào cǎo yuán guǒ yuán dà hǎi
我要去拥抱草原、果园、大海，

hái yǒu nà qíng lǎng de lán tiān
还有那晴朗的蓝天！

阅读感悟

儿童的世界很小，因为没有见过的东西很多；儿童的世界也很大，因为他们拥有天马行空的想象力。我们眼前是小小的世界，但是在想象的世界中，已经发生了更多有趣的事情。

cāi cai wù mí
猜猜物谜

yī
（一）

bàn jié zài dì miàn
半截在地面，

bàn jié zài tǔ zhōng
半截在土中，

bàn jié bái　bàn jié lǜ
半截白，半截绿，

bàn jié shí　bàn jié kōng
半截实，半截空。

mí dǐ
谜底：葱 cōng

èr
（二）

zǐ sè yè
紫色叶，

zǐ sè huā
紫色花，

zǐ huā xiè le jiē zǐ guā
紫花谢了结紫瓜，

zǐ guā shàng miàn yǒu hēi dì
紫瓜上面有黑蒂，

zǐ guā dù lǐ zhǎng zhī ma
紫瓜肚里长芝麻。

mí dǐ
谜底：茄子 qié zi

zuò yí piàn měi de yè zi

做一片美的叶子

jīn bō

金 波

yuǎn yuǎn wàng qù nà kē dà shù hěn měi

远远望去，那棵大树很美。

shù xiàng yì duǒ lǜ sè de yún cóng dà dì shàng shēng qǐ

树像一朵绿色的云，从大地上升起。

wǒ xiàng dà shù zǒu qù

我向大树走去。

zǒu jìn shù de shí hou wǒ fā xiàn zhī tóu de měi yí piàn yè zi dōu hěn měi měi yí piàn yè zi xíng tài gè yì nǐ zhǎo bú dào liǎng piàn xiāng tóng de yè zi

走近树的时候，我发现，枝头的每一片叶子都很美。每一片叶子形态各异——你找不到两片相同的叶子。

wú shù piàn bù tóng de yè zi zuò zhe xiāng tóng de gōng zuò bǎ yáng guāng biàn chéng shēng mìng de rǔ zhī fèng xiàn gěi dà shù

无数片不同的叶子做着相同的工作——把阳光变成生命的乳汁奉献给大树。

lǜ yè wèi dà shù ér shēng chūn tiān de shí hou
绿叶为大树而生。春天的时候，

yè zi nèn lǜ xià tiān de shí hou yè zi féi měi
叶子嫩绿；夏天的时候，叶子肥美；

qiū yè biàn huáng dōng rì piāo líng huí guī dà shù
秋叶变黄；冬日飘零——回归大树

dì xià de gēn
地下的根。

dà shù bǎ wú shù de yè zi jié wéi yí gè zhěng tǐ
大树把无数的叶子结为一个整体。

wú shù de yè zi zài shù shàng zhǎo dào le zì jǐ de wèi zhì
无数的叶子在树上找到了自己的位置。

wǒ men měi gè rén dōu xiàng yè zi wèi shēng huó de dà shù shū sòng zhe yíng yǎng ràng tā zhuó zhuàng cōng cuì
我们每个人都像叶子，为生活的大树输送着营养，让它茁壮、葱翠。

dà shù zhàn zài tài yáng hé tǔ dì zhī jiān
大树站在太阳和土地之间。

měi yì kē dà shù dōu hěn měi měi yí piàn yè zi dōu hěn měi wèi le wǒ men de dà shù zuò yí piàn měi de yè zi ba
每一棵大树都很美，每一片叶子都很美。为了我们的大树，做一片美的叶子吧！

zhǎo mèng

找梦

tián dì

田地

wǒ yí shuì jiào
我一睡觉，

mèng jiù lái le
梦就来了。

wǒ yì xǐng lái
我一醒来，

mèng jiù qù le
梦就去了。

mèng cóng nǎ lǐ lái
梦从哪里来？

yòu dào nǎ lǐ qù
又到哪里去？

wǒ duō me xiǎng zhī dào
我多么想知道，

xiǎng bǎ tā men zhǎo dào
想把他们找到！

zài zhěn tou lǐ ma
在枕头里吗？

wǒ kàn kan méi yǒu
我看看——没有。

zài bèi wō zhōng ma
在被窝中吗？

wǒ kàn kan méi yǒu
我看看——没有。

guān shàng mén yě hǎo
关上门也好，

guān shàng chuāng yě hǎo
关上窗也好；

zhǐ yào yì hé yǎn
只要一合眼，

mèng jiù yòu lái le
梦就又来了。

yǔ ér zài gē chàng

雨儿在歌唱

jì zhèn huá
季振华

nǐ tīng jiàn guo huì chàng gē de yǔ ma
你听见过会唱歌的雨吗？

zài wǒ men zhè ge dì fang zhè ge yǒu zhe xuě bái
在我们这个地方，这个有着雪白

de lí yuán fēi hóng de xìng lín cōng lǜ de liǔ lín
的梨园，绯红的杏林，葱绿的柳林，

wān wān qū qū de xiǎo xī hé xǔ duō shí qiáo de dì fang
弯弯曲曲的小溪和许多石桥的地方，

jiù yǒu zhè yàng de yǔ tā zài kuài lè de gē chàng
就有这样的雨，它在快乐地歌唱……

yǔ zài xiǎo xī lǐ chàng gē dīng dīng dīng
雨在小溪里唱歌：叮叮叮……

yí dìng tīng dǒng tā chàng de shì shén me le yú
一定听懂它唱的是什么了，于

shì xiǎo kē dǒu yóu a yóu zhǎng chū le
是小蝌蚪游啊游，长出了

xiǎo tuǐ yòu diào xià le wěi ba tā
小腿，又掉下了尾巴，它

men dōu pá dào cǎo dì shàng qù le
们都爬到草地上去了……

yǔ zài cǎo dì shàng chàng gē shā shā shā
雨在草地上唱歌：沙沙沙……

yí dìng tīng dǒng tā chàng de shì shén me le yú
一定听懂它唱的是什么了，于

shì cǎo méi mù sháo yao yě bǎi hé tái cǎo
是，草莓、木芍药、野百合、苔草……

xǔ duō xiǎo cǎo shēn gè lǎn yāo dǎ gè hā qian fā lǜ
许多小草伸个懒腰，打个哈欠，发绿

le kāi huā le hēi hóng hóng lǜ lǜ de xiǎo huār
了，开花了，嘿，红红绿绿的小花儿

kāi fàng de zhēn xiàng yóu yǒng chǎng lǐ de gè shì gè yàng
开放得真像游泳场里的各式各样

de yáng sǎn yí yàng měi ne
的阳伞一样美呢……

yǔ zài kāi lí le de tǔ dì shàng chàng gē shuā
雨在开犁了的土地上 唱歌：唰

shuā shuā
唰 唰……

yí dìng dǒng de tā chàng de shì shén me le suǒ
一定 懂得它 唱 的是什么了，所

yǒu de zhǒng zi dōu bèi huàn xǐng le tā men fān gè
有的 种 子都被唤 醒了，它们翻个

shēn róu rou xīng sōng de yǎn jing bǎ dì pí gǒng dòng
身，揉揉惺 松的眼睛，把地皮拱 动

le mào chū yá lái le xiàng liě kāi de xiǎo zuǐ hē zhe
了，冒出芽来了，像咧开的小嘴喝着

yǔ shuǐ wǒ hái tīng jiàn le tā men bèi qiāng zhe le de
雨水。我还听见了它们被 呛 着了的

xiào shēng li
笑 声 哩……

yǔ zài wǎ léng shàng chàng gē yú shì yàn zi zài
雨在瓦楞 上 唱 歌，于是燕子在

fáng liáng shàng zhù qǐ le wō
房 梁 上 筑起了窝；

yǔ zài shā dì shàng chàng gē yú shì hái zi men
雨在沙地上 唱 歌，于是孩子们

zài hé dī shàng zāi qǐ le shù miáo
在河堤上 栽起了树 苗；

yǔ zài liǔ shāo tóu chàng gē yú shì mù tóng qí zhe
雨在柳梢头唱歌，于是牧童骑着
niú ér dào wù yí yàng de shù lín lǐ qù le yì lǚ dí
牛儿到雾一样的树林里去了，一缕笛
yīn zài lán bō li shì de hé miàn shàng dǎ zhe xuán yòu
音在蓝玻璃似的河面上打着旋，又
huá xiàng yuǎn fāng
滑向远方……

yǔ a yǔ mǎn shì jiè huì chàng gē de yǔ
雨啊雨，满世界会唱歌的雨……

yǔ de gē shēng hěn jiǎn dān dàn shì shuí bǎ tā de
雨的歌声很简单，但是谁把它的
gē shēng lǐ jiě de nà me jiǎn dān ne cǎo mù huā yú
歌声理解得那么简单呢？草木花、鱼
chóng niǎo dōu cóng tā de gē shēng lǐ lǐng huì le zì jǐ
虫鸟，都从它的歌声里领会了自己
shēng mìng de yì yì zhè shì yí jiàn duō me měi lì de shì
生命的意义，这是一件多么美丽的事
qing ya
情呀……

huà shí yín jié xuǎn
化石吟（节选）

zhāng fēng
张 锋

zuì zǎo de yú ér zěn me méi xià ba
最早的鱼儿怎么没下巴？

zuì zǎo de niǎo ér zěn me zuǐ zhǎng yá
最早的鸟儿怎么嘴长牙？

zuì zǎo dēng lù de yú ér zěn me méi yǒu tuǐ
最早登陆的鱼儿怎么没有腿？

zuì zǎo de shù ér zěn me bù kāi huā
最早的树儿怎么不开花？

shì qù wàn zǎi de shì jiè kě huì chóng xiàn
逝去万载的世界可会重现？

chén shuì yì nián de shí tou néng fǒu shuō huà
沉睡亿年的石头能否说话？

cháng mián dì xià gāng sū xǐng de huà shí a
长眠地下刚苏醒的化石啊，

qǐng xiàng wǒ yī yī jiǎng shù nà qí huàn de shén huà
请向我一一讲述那奇幻的神话。

版权声明